Abenteurer Gottes

W0108151

clv

Dave und Neta Jackson

William Bradford

Das Geheimnis der Mayflower

dۛ∨

Christliche
Literatur-Verbreitung e. V.
Postfach 11 01 35 · 33661 Bielefeld

Dave und Neta Jackson sind verheiratet und haben zusammen zahlreiche Bücher über Familie, Kirche und Beziehungen geschrieben, einschließlich der ›Secret Adventures‹-Videoserie, der ›Pet Parables‹-Serie, der ›Caring Parent‹-Serie und der neu erschienenen Hero Tales, Folge I und II.

Die Jacksons haben zwei erwachsene Kinder: Julian, der die ›Trailblazer Books‹ illustriert hat, und Rachel, die ihnen kürzlich ihre erste Enkeltochter, Havah Noelle, geschenkt hat. Dave und Neta sind in Evanston, Illinois, zu Hause, wo sie aktive Mitglieder der Reba Place Church sind.

1. Auflage 2000
2. Auflage 2007

Originaltitel: The Mayflower Secret
© 1997 by Dave und Neta Jackson

© der deutschen Ausgabe 2000 by CLV
Christliche Literatur-Verbreitung
Postfach 11 01 35 · 33661 Bielefeld

Übersetzung: M. Niemöller
Umschlag: OTTENDESIGN.de, Gummersbach
Satz: CLV
Druck und Bindung: Ebner & Spiegel, Ulm

ISBN 978-3-89397-431-3

Inhalt

Vorwort

Elisabeth Tilley war vierzehn Jahre alt, als ihre Eltern im ersten Winter in Plymouth verstarben. Kaum sechzehnjährig heiratete sie 1623 John Howland. In unserer Geschichte findet die Hochzeit im Sommer statt; nach einer zuverlässigen Quelle der Familie Howland soll sie jedoch im Frühling desselben Jahres stattgefunden haben.

Während der Bericht über das Verschwinden Dorothy Bradfords und ihr vermutlicher Tod durch Ertrinken wahr sind, ist die Verwicklung Elisabeth Tilleys sowie ihr späteres Geheimnis frei erfunden.

Es ist bekannt, wer die Haushaltsvorstände der ersten sieben Häuser in Plymouth waren, jedoch ist nicht nachweisbar, wie die übrigen Familien, die alleinstehenden Männer und Waisen auf diese Häuser verteilt wurden.

Der Name von Hobomoks Frau ist ebenfalls frei erfunden. Alle anderen Namen entsprechen jedoch wirklichen Personen.

Die Siedler von Plymouth wurden erst Mitte des 18. Jahrhunderts als ›Pilger‹ bezeichnet. Sie selbst nannten sich untereinander ›Geschwister‹.

Die Daten, auf die in der Geschichte Bezug genommen wird, entsprechen dem Julianischen Kalender, den auch die Siedler von Plymouth benutzten. Um die entsprechenden Daten unseres Kalenders (dem Gregorianischen) zu finden, müssen jeweils zehn Tage dazu addiert werden.

Heilige und Fremdlinge

Elisabeth Tilley schaute missmutig, wie immer mehr Männer, Frauen und Kinder vorsichtig die schmale Schiffsleiter hinunter kletterten. Als wenn die Mayflower nicht schon voll genug wäre! »Weiter, weiter!«, krächzte ein Seemann vom Oberdeck, während die Passagiere der leckgeschlagenen *Speedwell* sich zu den anderen auf dem Zwischendeck des Schwesterschiffs drängten.

»Ich werde nicht gehen. Auf gar keinen Fall!«, kreischte eine Frau, deren schrille Stimme laut aus dem Gemurmel der neunzig bereits zusammengepferchten Passagiere hervortönte.

»Es war schon mehr als voll, bevor man uns an Bord brachte. Aber jetzt ist es wie in einer Saftpresse voller angefaulter Äpfel! Du kannst meinetwegen mit diesen fanatischen Separatisten in die Neue Welt gehen. Aber ohne mich. Ich werde dieses fürchterliche Schiff sofort verlassen!« – »Das wirst du nicht tun!«, schnauzte ein Mann.

Die dreizehnjährige Elisabeth verdrehte ihre Augen, die so grün waren wie das Wasser des Meeres. Es waren die Billingtons, die sich schon wieder stritten. Sollten sie doch von Bord gehen! Dann hätten die anderen etwas mehr Platz. Sie selbst hatte auch keine Lust mehr, auf dem überfüllten Schiff zu bleiben. Und dabei hatten sie England noch nicht einmal verlassen!

Die Besatzungsmitglieder und Passagiere der *May-flower* und der *Speedwell* hatten gehofft, England im Juni desselben Jahres, 1620, zu verlassen, doch dann hatten Schwierigkeiten bei der Unterstützung und endlose Verhandlungen über den Vertrag mit den Merchand Adventurers, die die Reise finanzierten, die Abfahrt verzögert. Im August waren sie dann in See gestochen, um bald jedoch schon zum zweiten Mal umzukehren, weil die *Speedwell*, das kleinere der beiden Schiffe, leckte. Nachdem sich die *Speedwell* schließlich als nicht seetauglich herausgestellt hatte, wurden alle Passagiere auf das größere Schiff, die *Mayflower*, gebracht. Jetzt war es bereits September und sie lagen immer noch in Plymouth, England, vor Anker.

Familien hatten das Glück, in sogenannten »Kabinen« untergebracht zu werden. Sie bestanden aus einem Schlafplatz von 1 x 1,5 m Größe, der an der Längsseite des Schiffes lag. Die einzelnen Kabinen waren durch hölzerne Trennwände abgeteilt. Wenn man ein Stück Stoff zwischen den Trennwänden befestigte, war man wenigstens etwas abgeschirmt von den anderen. Aber die meisten der Männer, Frauen und Kinder waren einfach bunt zusammengewürfelt. Andere Familien und die meisten der alleinstehenden Männer und Diener schliefen an Deck oder wo immer sie genügend Platz fanden, sich hinzulegen. Und jetzt sollten sie den wenigen Platz auch noch mit den Neuen teilen …

Elisabeth freute sich über jeden, der seine Meinung änderte und das Schiff verließ, weil er sich den Gefahren der Passage bewusst wurde. »Sollen sie doch gehen, diese Schwächlinge!«, dachte sie. Für die Tilley-Familie würde es jedoch kein Zurück geben. Jedenfalls nicht nach dem Gespräch zwischen ihrem Vater und Onkel Edward, das sie letzte Nacht belauscht hatte:

»Wohin sollten wir denn zurückkehren, Edward?«, flüsterte ihr Vater. »Als Seidenweber verdient man doch nichts mehr. Es war die richtige Entscheidung, alles zu verkaufen und auszuwandern.«

»Und dann auch noch deine Spielschulden!«, hörte Elisabeth die ärgerliche Stimme ihrer Mutter. Wirklich, es war schlimm mit Vaters Spielsucht. Zuerst waren die Hahnenkämpfe und Boxkämpfe in der Dorfkneipe nur ein gelegentliches Vergnügen. Dann begann Vater, Wetten mit den anderen Männern abzuschließen. Nachdem er einige Male Erfolg hatte, wurde er übermütig und erhöhte die Einsätze. Wenn er verlor, wettete er noch höher, in der Hoffnung, die angefallenen Schulden ausgleichen zu können. Damit begann zu Hause der Ärger.

»Pass auf, was du sagst, Frau! Halt den Mund und schlaf endlich«, sagte ihr Vater. »Was geschehen ist, ist geschehen. Jetzt müssen wir das Beste daraus machen.«

Die Brüder Tilley senkten ihre Stimmen noch weiter und Elisabeth musste sich sehr anstrengen, um noch etwas verstehen zu können. »Ich sage dir, Bruder: Land, dein eigener Grund und Boden – da steckt viel Gewinn drin!«, hörte sie ihren Vater sagen. »Ein eigenes Stück Land, sein eigener Herr zu sein – das ist es doch, was sich jeder Engländer wünscht! Gibt es noch freies Land in England? Natürlich nicht! Aber in der Neuen Welt, ja, da ist alles anders.«

»Vielleicht, John«, sagte ihr Onkel. »Aber was ist mit diesen Puritanern? Erst sind sie nach Holland gelaufen, jetzt

muss es die Neue Welt sein. Und immer dieses Gerede von ›Religionsfreiheit‹. Wozu brauchen die denn eine eigene Kirche? Die sind sich wohl zu fein für die Kirche von England, pah! Die sind mir ein bisschen zu fromm, wenn du mich fragst. Immer sind sie am Singen und Beten, auch wenn gar kein Sabbat ist. Wenn wir nicht noch Schwierigkeiten mit denen haben werden … Sieh nur mal diesen Kerl an, den sie Ältesten nennen. Ein Drucker von Beruf. Der hat sich die ganze Zeit noch nicht einmal an Deck sehen lassen. Ich habe gehört, dass man eine Belohnung für sein Ergreifen ausgesetzt hat, weil er irgendeine verrückte Schrift gedruckt hat.«

Elisabeth hörte ihren Vater kichern. »Mag sein, Bruder. Aber der Streit zwischen König James und diesen Puritanern ist für uns nur von Vorteil. Weil sie in England nicht erwünscht sind, schickt man sie in die Neue Welt. Da können sie dann so viel beten, wie sie wollen. Aber ohne Hilfe können sie dort keine Kolonie errichten. Darum brauchen Weston und seine Merchand Adventurers Leute wie uns. Das ist unsere Chance! Wir werden unser Glück machen!«

Lange Zeit sprach keiner von beiden ein Wort. Dann hörte man Elisabeths Onkel: »Manchmal frage ich mich, Bruder, … was nützt es, wenn wir reich werden? Wenn wir sterben, dann nehmen wir den Namen Tilley doch nur mit uns ins Grab.«

Elisabeth kuschelte sich in ihre Decke. Sie war das jüngste von fünf Kindern. John und Joan Tilleys ersten zwei starben am Fieber, als sie noch ganz klein waren. Dann folgten noch zwei Mädchen. Sie waren schon aus dem Haus. Ihre Eltern hatten sie früh verheiratet, solange noch genug da war, um ihnen wenigstens eine kleine Mitgift zu geben.

12

Nur Elisabeth lebte noch bei ihren Eltern. Sie wusste, dass ihr Vater sie liebte, aber er war dennoch traurig, dass er keinen Sohn hatte, der den Familiennamen weitertragen würde.

Onkel Edward und Tante Ann hatten keine eigenen Kinder. Sie kümmerten sich jedoch um den zehnjährigen Henry Samson und die achtjährige Humility Cooper, die Kinder ihrer verstorbenen Geschwister. Aber Elisabeth würde es ihrem Vater schon zeigen! Er sollte es nicht bereuen, sie in die Neue Welt mitgenommen zu haben. Sohn oder nicht, sie würde ihm helfen, sein Glück zu machen in …

»Oh, Cousine Lisa!«, unterbrach Humilitys Kinderstimme ihre Gedanken. »Hast du schon die Hunde gesehen?« Die braunen Augen des Mädchens blitzten fröhlich. Wie alle Frauen und Mädchen im England des siebzehnten Jahrhunderts trug auch sie eine Haube auf dem Kopf, unter welcher sie ihr Haar aufgesteckt hatte. Auch Elisabeths rote Locken waren unter solch einer Haube versteckt. Aber wie viele Haarnadeln sie auch benutzte, einige widerspenstige Locken kringelten sich doch lustig unter der Haube hervor.

»Wirklich!«, plapperte Humility weiter. »Der eine ist fast so groß wie ein Pony. Und der andere ist ein süßer kleiner Spaniel mit braunen Flecken.«

»Beeil dich«, flüsterte Henry, »bevor uns Tante Ann neue Aufgaben geben kann.«

Elisabeth freute sich, das Gedränge und die schlechte Luft im Zwischendeck hinter sich zu lassen. Vielleicht könnte sie Mary Chilton finden. Mary war auch an Bord der *Mayflower* und die beiden Mädchen hatten

Freundschaft geschlossen. Aber nach einem Blick auf das gerötete Gesicht ihrer Mutter schüttelte sie den Kopf. »Vielleicht später, Humility. Erst müssen wir das Bett für Mutter und Tante Ann richten. Henry, hilf mir die Kohlen beiseitezuschaffen, bevor jemand die Kohlenpfanne umkippt und das ganze Schiff in Brand setzt.«

Die kleine eiserne Kohlenpfanne stand in einer mit Sand gefüllten Kiste. Dort konnte sich jeder an Bord sein Essen kochen. Während die beiden die rauchende Kohlenpfanne an einen sicheren Platz stellten, weg von Holzschuhen und langen Röcken, hörten sie jemanden schüchtern sagen: »Verzeihung, gute Frau.«

Elisabeth sah auf und bemerkte eine schlanke junge Frau. Sie trug ein kastanienbraunes Cape. Ihre dunklen Haare schauten unter der Haube hervor. Sie sah einsam und verloren aus.

Elisabeth war ihr schon oft begegnet, im Hafen von Southampton und Dartmouth, wo sie zusammen mit den Passagieren der beiden Schiffe auf die Abfahrt gewartet hatte. Sie war die Frau eines der leitenden Separatisten, obwohl sie noch sehr jung aussah, fast noch ein Mädchen. Jetzt wandte sie sich schüchtern an Elisabeths Mutter: »Könnte ich … ich meine, würde es Ihnen etwas ausmachen …« Hilflos suchte sie nach Worten.

»Eh?« Joan Tilley, deren Gesicht von der Arbeit gerötet war, richtete sich auf. »Oh! Guten Tag, Mrs Bradford. Suchen Sie einen sicheren Platz für Ihr Bündel?« Die junge Frau nickte erleichtert. Joan Tilley hob erstaunt die Augenbrauen. »Aber wo ist denn

Ihr Gatte, Mrs Bradford? Tse, tse, lässt er Sie so ganz allein. Na, typisch Mann!«

Ein schwaches Lächeln huschte über das blasse Gesicht der jungen Frau. »Er ist oben und spricht mit Master Weston …«

»Wirklich? Sie verhandeln also immer noch über den Vertrag«, sagte Joan Tilley. »Also, ich hoffe, er lässt sich von dieser Ratte nicht unterkriegen. So ein Mensch ist mir noch nicht begegnet! Heute so und morgen wieder anders. Nun gut.« Und mit umherschweifendem Blick: »Selbstverständlich werden wir eine Möglichkeit finden, wo Sie Ihr Bündel unterstellen können.«

Elisabeth griff Humility und Henry bei den Händen und kletterte mit ihnen die Leiter zum Hauptdeck hoch. *Huh!*, dachte sie. *Die Frau sieht aus wie eine kostbare Porzellanpuppe! Sie passt zu einer gefährlichen Seereise wie ein Schmetterling zu einem Gewittersturm.*

Auf dem Hauptdeck war eine schwere Diskussion im Gange. »Diese Bedingungen sind unerhört, Master Weston!«, empörte sich ein älterer Mann mit Spitzenkragen, dunkelgrünem Wams und gut sitzenden Kniehosen. Elisabeth hatte gehört, wie die anderen Separatisten ihn Master Carver nannten. Er schien recht wohlhabend zu sein. Die Carvers hatten keine Kinder, jedoch einige Diener. »Nicht einmal zwei Tage, an denen wir nur für uns selbst arbeiten? Und dann soll *alles,* auch Häuser und Felder, nach sieben Jahren geteilt werden?« Carver war entrüstet.

Master Weston zuckte nur mit den Schultern. Er trug einen Filzhut mit goldfarbener Kordel und goldene Strumpfhalter. Elisabeth erkannte ihn als den Mann wieder, der ihren Vater für die Reise in die Neue Welt angeworben hatte. Als sie sich nun hinter dem Mann vorbeidrängten, hörte sie ihn sagen: »Das sind die Bedingungen, meine Herren. Ich will schließlich nicht das Interesse meiner Investoren verlieren.«

»*Interesse!*«, explodierte Carver. »Das ist Diebstahl!«

Beschwichtigend wandte jemand mit ruhiger Stimme ein: »Ihre Leute investieren gutes Geld, Master Weston. Unsere Leute investieren jedoch ihr Leben! Wer weiß denn schon, was uns in der Neuen Welt erwartet?« Der Mann, dem die Stimme gehörte, war etwa einsachtzig groß und an die dreißig Jahre alt. Er sah gut aus, trug einen Bart, hatte ein schmales Kinn und ernste graue Augen. *Master Bradford!*, dachte Elisabeth. *Der Mann der Porzellanpuppe.* Er fuhr fort: »Jedoch, es bleibt uns keine Wahl. Wir müssen Ihre Bedingungen annehmen. Mit der nächsten Flut werden wir auslaufen. Guten Tag, Weston.«

Weston zuckte kaum merklich mit den Schultern. Hämisch grinsend verließ er die *Mayflower*, um mit dem Beiboot zurück zum Dock zu fahren.

»Jetzt komm doch endlich, Lisa!«, drängelte Humility und zog sie am Ärmel.

Elisabeth ließ sich von ihrer Cousine über das Deck ziehen. Am Hauptmast lehnte ein etwa zwanzigjähriger junger Mann mit dichten, flachsblonden Haaren. Er hielt einen großen Mastiff und einen niedlichen englischen Spaniel an der Leine. Henry hockte sich zu dem Spaniel auf den Boden und kraulte dessen Fell. Vor Freude leckte ihm der Hund das Gesicht.

»Sind das Ihre Hunde?«, fragte Elisabeth höflich.

16

Der junge Mann wurde rot, als er entgegnete: »Nein, Miss. Sie gehören John Goodmann. Ich passe nur auf sie auf, während er sich von seiner Frau verabschiedet.« Er schaute dabei unentwegt in Elisabeths sommersprossiges Gesicht.

Kühl fragte sie nach seinem Namen. »Ich bin John Howland, Leibeigener von Master Carver, Miss.« Jetzt war sein Gesicht dunkelrot, als ob er sich schämte. Hatte er mehr gesagt, als ihm erlaubt war?

»Oh, Lisa!«, kicherte Humility und schlang ihre Arme um den großen, gestreiften Mastiff. »Er heißt Bär!«

Elisabeth wandte sich ab und versuchte gelangweilt auszusehen. Musste Humility sie gerade jetzt bei ihrem Namen nennen, vor den Ohren des jungen Mannes? Schließlich war er doch nur ein einfacher Diener!

»*Hier* bist du!« Die fünfzehnjährige Mary Chilton zog Elisabeth auf die andere Seite des Hauptmastes, der wie ein riesiger Baumstamm inmitten eines Waldes aus Takelage und knatternden Segeln stand. »Hast du schön mit deinen kleinen Verwandten gespielt?«, neckte sie ihre Freundin. »Und dann tratscht du noch mit der Dienerschaft!«

Elisabeth wollte protestieren, aber Mary hatte schon das Thema gewechselt: »Heute geht es wirklich los! Schau da!« Sie zeigte auf einen rotgesichtigen kleinen, dicken Mann mit Schwert und Helm, der gerade einer weinenden jungen Frau half, die Strickleiter zum Beiboot hinabzuklettern. »Ich habe gehört, wie Kapitän Standish befohlen hat, alle Besucher von Bord zu bringen. Wir segeln mit ablaufender Flut.«

»Du meinst ›Kapitän Krabbe‹«, grinste Elisabeth.

»Nein! Wer nennt ihn so? Sicher nicht sein süßes Frauchen Rose!« Kichernd hielt sich Mary die Hand vor den Mund.

»Die Matrosen. Ich habe gehört, wie sich einige über ihn lustig machten, als er an Deck Befehle erteilte.« Master Weston hatte den schneidigen Kapitän Miles Standish angeheuert. Er sollte in der Neuen Welt eine Armee gründen, um die neuen Kolonien zu schützen.

Das Kichern der Mädchen wurde von lauten Befehlen unterbrochen, die der Erste Matrose über das Deck schallen ließ. Plötzlich kam Leben in die Mannschaft! Einige Matrosen kletterten behände die Takelage hinauf, um die Segel zu setzen, andere zogen den schweren Anker herauf. »Aus dem Weg, Herrschaften!«, befahl Kapitän Standish, während er ungeduldig mit dem Schwert an seiner Seite rasselte. An seinem Akzent konnte man deutlich hören, dass er aus Schottland kam. »Gehen Sie mit den Kindern unter Deck!«

* * *

Endlich segelten sie los. Zwanzig Passagiere der *Speedwell* waren von Bord gegangen. Auf der *Mayflower* reisten nun 102 Passagiere. 41 davon waren Puritaner oder »Geschwister«, wie sie sich nannten. Die meisten waren jedoch Engländer, dem König treu ergeben und von Geburt an Glieder der Kirche von England. Sie wären sicher überrascht gewesen, hätten sie gewusst, dass die Puritaner sie freundlich »Fremdlinge« nannten ...

Weniger freundlich waren die Matrosen den Puritanern gegenüber. Spöttisch nannten sie sie »Heilige«.

Nachdem die *Mayflower* den Hafen von Plymouth verlassen hatte, sorgte eine sanfte Brise dafür, dass sie rasch Fahrt aufnahm. War man erst unter Deck gegangen, um die Arbeit der Matrosen nicht zu behindern, so kamen jetzt alle wieder hoch, um noch einen letzten Blick auf die immer kleiner werdende alte Heimat zu werfen. Im Schein der untergehenden Sonne erschienen die Fenster der Häuser wie feurig glitzernde Rubine in einem kostbaren Collier.

Elisabeth kletterte die Leiter zum Achterdeck hoch. Hier im hinteren Teil des Schiffes hoffte sie, eine bessere Sicht zu haben. Eine plötzliche Traurigkeit überkam sie, als ihr klar wurde, dass sie nicht nur ihre vertraute Umgebung verlassen würde, sondern auch geliebte Menschen, ihre verheirateten Schwestern … – Würde sie sie jemals wiedersehen? Gleichzeitig spürte sie jedoch vor Aufregung ein Kribbeln im Bauch. Vater hatte recht. Sie hatten in England keine Zukunft. Aber ein neues Land, eine neue Heimat – dort konnten sie ganz von vorn beginnen.

Ein Mann und eine Frau gesellten sich zu Elisabeth und rissen sie aus ihren Gedanken.

»Oh, William!«, klagte die Frau. »Müssen wir ihn wirklich zurücklassen?« – »Dority, Dority«, tröstete sie ihr Mann. »Mach dir nur keine Gedanken. Er ist bei Pastor Robinson in guten Händen. Eine Seereise zu dieser Jahreszeit und noch dazu in ein wildes Land, das ist sicher nicht gut für ein so kleines Kind. Aber ich versichere dir, dass wir John nachholen, sobald wir uns dort eingelebt haben.«

Elisabeth hörte das unterdrückte Schluchzen der Frau. Vorsichtig schlich sie sich an der Reling ent-

lang, um besser sehen zu können. »Aber die Whites haben ihren kleinen Resolved auch dabei, und er ist fünf, genau wie unser John. Der kleine Wrestling Brewster ist erst vier und Mary Allerton ist sogar noch ein Säugling. Oh, William, wenn andere Eltern ihre Kinder mitnehmen können, dann können wir das doch auch!«

»Dority, so hör doch auf, dich selbst zu quälen! Wir haben die vernünftigste Entscheidung getroffen. Viele Eltern haben ihre Kinder in England zurückgelassen, weil es einfach das Beste für die Kleinen ist. Komm, jetzt trockne deine Tränen. Gott wird uns die nötige Kraft zum Tragen schenken.« Das Paar ging langsam zur Leiter zurück. Der Mann hatte sein Cape über die Schultern seiner Frau gelegt, sodass man sie kaum sehen konnte. Aber Elisabeth erkannte die beiden sofort: Es waren Dorothy, die Porzellanpuppe, und ihr Mann William Bradford.

Über Bord!

Elisabeth schlug die Augen auf. Selbst im Halbdunkel des Zwischendecks konnte sie erkennen, dass es heller Tag war. Aber etwas war heute Morgen anders. Dann bemerkte sie, dass sie zum ersten Mal seit drei Tagen nicht seekrank war.

Vom Hauptdeck scholl Gesang zu ihr herab. Die Separatisten hielten gerade ihre morgendliche Andacht mit Gebet und Gesang. Vorsichtig, um ihre schlafende Mutter nicht zu wecken, schlüpfte Elisabeth von ihrem Strohlager aus der Kabine hinaus. Sie trug immer noch dieselben Sachen, die sie schon bei der Abreise in England getragen hatte. Oh, was würde sie um frisches Wasser zum Waschen geben! Aber, Heilige oder nicht, sie brauchte jetzt frische Luft.

Sie stopfte die widerspenstigen roten Locken zurück unter ihre Haube und tappte zur Leiter. Die meisten Passagiere schliefen noch. Aber Mrs Hopkins, die gerade in einem Topf über dem Kohlefeuer Bohneneintopf kochte, murmelte: »Guten Morgen«, als sie vorbeiging. Auf dem Lager der Familie sah Elisabeth die drei kleinen Kinder der Hopkins. Und mit Erstaunen bemerkte sie, dass Mrs Hopkins wieder schwanger war. Es würde sicher nicht mehr lange dauern, bis das Baby zur Welt kam. Zwei weitere

Frauen hatten bereits ganz runde Bäuche. Susanna White und Mary Allerton von den Separatisten. Elisabeth überlegte, welches Baby wohl zuerst geboren würde …

Als Elisabeth durch die Luke des Achterdecks blickte, konnte sie die kleine Versammlung der Separatisten sehen. Über ihr spannten sich die großen Segel des Schiffes wie riesige Flügel am strahlend blauen Himmel. Alle waren froh, dass das Wetter so gut war. Immerhin war es doch schon ziemlich spät im Jahr, um den Atlantik zu überqueren. Der blaue Himmel und die sanfte Brise beruhigten die Ängstlichen unter den Passagieren. Trotzdem hatte Elisabeth einige Tage gebraucht, um sich an das ständige Schaukeln und Schlingern des Schiffes zu gewöhnen.

»Guten Tag, Miss.« Eine starke Hand half ihr hinauf. Es war Kapitän Miles Standish, der in seinem dick gefütterten Wams aussah wie ein aufgeplusterter Zwerghahn. Während er sie zur Reling führte, dachte Elisabeth: *Er war in seinem ganzen Leben sicher noch nie seekrank!*

Dankbar sog sie die kühle, frische Seeluft ein. Kurze Zeit später gesellte sich Mary Chilton, die immer noch etwas grün im Gesicht war, zu ihrer Freundin an die Reling. »Das Schlimmste haben wir wohl überstanden«, tröstete sie das Mädchen. »Vater hat gesagt, dass Master Jones die direkte Route über den Atlantik fährt, weil es schon so spät im Jahr ist. Wenn das Wetter so bleibt …«

»Aus dem Weg, aus dem Weg!«, grölte eine raue Stimme hinter ihnen. Ein Matrose mit wettergegerbtem Gesicht und wollener Mütze war dabei, das

Deck zu schrubben. »Schlimm genug, dass man auf einem Frachtschiff überall über Passagiere stolpert, da muss man sich auch noch das Gejaule dieser religiösen Fanatiker anhören. Wie die Katzen auf dem Dach! Huh!« Zur Bekräftigung spritzte er mit seinem Schrubber das Wasser über Elisabeths Füße. »Warum können sie mit ihrem Gesang nicht in der Kirche bleiben, wie jeder andere auch?«

Elisabeth verzog das Gesicht. Die wüste Sprache der Matrosen war viel schlimmer zu ertragen als die reinen, schönen Lieder der Separatisten, so fremdartig sie auch klangen.

Die kleine Gemeinschaft hatte ihre Morgenandacht gerade beendet, als eine tiefe Stimme erscholl. »Alle mit anfassen! Fertig machen zur Wende!« Lautes Läuten der Schiffsglocke rief die Matrosen zur Arbeit. Elisabeth und Mary gingen beiseite, um bei dem Manöver nicht im Wege zu stehen. Einige der männlichen Passagiere liefen hinzu und eilten den Seeleuten zur Hilfe. Seit der Wind aus Westen kam, segelten sie einen Zick-Zack-Kurs, wobei das Schiff jedoch nur langsam vorwärts kam. Daher hatten sich alle an die ständigen Wendemanöver gewöhnt. Manche Männer halfen stets bereitwillig mit, war es doch wenigstens eine Abwechslung im sonst recht eintönigen Leben an Bord. Bei der Wende riss der Steuermann das Ruder herum. Gleichzeitig zogen die Matrosen und ihre Helfer am Tau, das das Hauptsegel in Position hielt. Das Schiff wendete schwerfällig in die neue Richtung, wobei die Segel laut im Wind knatterten, als ob sie protestieren wollten. Doch schon wenige Augenblicke später blähten sich die Segel erneut im Wind und die Fahrt konnte weitergehen.

Währenddessen hielten sich Elisabeth und Mary an der Seilwinde fest, die zum Heraufziehen der Ladung benutzt wurde. Einige andere Frauen und Kinder suchten derweil Schutz unter dem Achterdeck. Mrs Bradford drückte den kleinen Resolved White schützend an sich, während ihre Augen ängstlich geweitet waren. Ihr Gesicht war auffallend blass. Der Junge, dessen Name »Entschieden für den Herrn« bedeutete, trug ein handgewebtes Kleid und eine weiße Kappe. Seine Mutter, Susanna White, lächelte ihre Freundin aufmunternd an. »Resolved wird schon nicht über Bord fallen, Dorothy. Da, schau nur! Das Schiff ist bereits wieder auf Kurs.« Dabei strich sie über ihren gerundeten Bauch und seufzte:« Ich bete nur, dass das Kleine mit seiner Ankunft wartet, bis wir in der neuen Heimat angekommen sind.«

Elisabeth sah Mary an und schnitt eine Grimasse. Sie hatte Babys sehr gerne. Mehr als halbwüchsige nervige Cousins. Aber es war ziemlich leichtsinnig, so kurz vor der Geburt England zu verlassen, um in ein wildes, unbekanntes Land zu gehen.

Eine andere Separatistenmutter mit einem Kind gesellte sich zu den beiden. »Oh! Elisabeth Winslow und die kleine Ellen More«, sagte Susanna. Resolved löste sich von Dorothys Rock und klatschte vergnügt in die Hände. »Ich glaube, Resolved und Ellen wollen zusammen spielen«, lachte Mrs Winslow.

»Ja, aber ich muss mich einen Moment hinlegen«, ächzte Susanna. »Dorothy, würdest du auf Resolved achtgeben?« Die werdende Mutter stieg vorsichtig durch die Luke, die zum Zwischendeck führte.

Elisabeth überlegte, ob Mrs White sich wirklich ausruhen musste oder ob Dorothy ihr nur leidtat, weil sie ihr Kind zurücklassen musste. Wollte sie die junge Frau mit dem kleinen Resolved nur ablenken und trösten? Es schien, als ob Mrs Bradford jedem leidtat. Elisabeth dachte jedoch anders. Ihr tat sie nicht leid. Hatte nicht jeder an Bord geliebte Menschen zurücklassen müssen? Die Frau sollte sich endlich zusammennehmen!

Mary beugte sich zu Elisabeth: »Siehst du die kleine Ellen More dort mit Mrs Winslow?«, flüsterte sie. »Hast du schon gemerkt, dass drei verschiedene Familien der Separatisten Kinder mit dem Nachnamen More haben? Die Carvers haben den älteren Jungen. Die Brewsters die beiden kleineren Jungen als Spielgefährten für ihre Söhne, Love (Liebe) und Wrestling (Kampf) …«

Elisabeth kicherte: »Love und Wrestling, was für komische Namen die ihren Kindern geben!«

»Es muss etwas Schlimmes mit ihren Eltern passiert sein«, flüsterte Mary dramatisch.

»Vielleicht ist der gute More mit einem Barmädchen auf und davon, und die holde Gattin ist an gebrochenem Herzen gestorben!« Nur mühsam konnten die Mädchen das Kichern unterdrücken.

Langeweile war ein ständiger Begleiter an Bord. Während Elisabeth und Mary sich über die anderen Passagiere lustig machten, schien die *Mayflower* der leichten Brise in ihren Segeln zu schmeicheln und so das gute Wetter und das Glück zu halten.

Das Wetter blieb nicht so gut. Im späten September verdunkelten schwere graue Wolken den Himmel und der Wind blies in heftigen Böen. Mühsam kämpfte sich die *Mayflower* durch die raue See. Ging man an Deck, um frische Luft zu schnappen, so musste man sich gut festhalten. Schon nach kurzer Zeit war man von der sprühenden Gischt völlig durchnässt. Bei dem starken Seegang konnte man auch die Kohlepfanne nicht benutzen. Es war zu gefährlich.

Elisabeth verzog angeekelt das Gesicht, als sie eine dicke Schicht Schimmel vom Käse abschnitt, bevor sie ihre Ration mit Henry und Humility teilte. Dazu gab es gepökeltes Fleisch und harten Zwieback. Das kalte Mahl wurde mit Leichtbier heruntergespült. Das war gesünder als das brackige Wasser in den Vorratsfässern.

Dann, eines Nachts, wurde Elisabeth von ihrer Mutter wach gerüttelt. »Nimm die drei Kinder der Hopkins in unser Bett. Schnell, nun mach schon!«, flüsterte Joan Tilley.

Von der gegenüberliegenden Seite des überfüllten Zwischendecks war schweres Atmen und Stöhnen zu hören. Drei Kinder standen starr, mit vor Angst geweiteten Augen, neben der Kabine der Hopkins. Stephen Hopkins redete seiner Frau ruhig zu und half ihr, so gut er konnte. Elisabeth nahm die kleine Damaris Hopkins auf den Arm und führte die anderen beiden, Giles und Constance, in die Kabine der Tilleys.

»Habt keine Angst, eurer Mama wird es bald wieder besser gehen«, tröstete sie die Kinder. Die kleine Damaris hielt eine selbst gemachte Stoffpuppe krampfhaft in den Händchen. »Und bald habt ihr dann ein kleines Brüderchen oder Schwesterchen!«

John Tilley murmelte irgendetwas im Schlaf vor sich hin, während er sich fast aufrecht sitzend gegen die Trennwand ihrer Kabine gelehnt hatte. Elisabeth legte den Finger auf ihre Lippen. »Kommt, wir wollen ein Lied singen«, flüsterte sie. Und während das Schiff sich schaukelnd und schlingernd durch die Wellen kämpfte, sang das Mädchen alle Kinderlieder, die sie kannte, bis die drei Kleinen friedlich eingeschlafen waren. Elisabeth war selbst eingenickt, als sie von einem neuen Geräusch geweckt wurde: Der Schrei eines Babys!

Später kroch ihre Mutter in die überfüllte Kabine und lehnte sich erschöpft gegen die Trennwand.

»Was ist es, Junge oder Mädchen?«, fragte Elisabeth ungeduldig.

»Ein Junge«, murmelte Joan Tilley. »Gesund und kräftig.«

»Wie heißt er, nun sag doch schon!«

»Oceanus«, erwiderte die Mutter, wobei sich ihr Mund zu einem breiten Grinsen verzog.

* * *

Dreißig Tage vergingen, dann vierzig. Das Schiff wurde Tag und Nacht von Stürmen durchgeschüttelt. Spätestens jetzt war jedem klar, dass die »Abkürzung« über den Atlantik wesentlich länger dauern würde. Passagiere und Seeleute waren wegen der ständigen Anspannung gereizt und nervös. Master Jones versuchte, seine Besatzung in Zaum zu halten. Trotzdem wurden die Separatisten von einigen Seeleuten offen schikaniert, wenn sie sich zu den täglichen Andachten an Deck versammelten. Einige

Passagiere, darunter auch Dorothy Bradford, waren durch die schlechte und einseitige Ernährung sowie dauernde Seekrankheit ernstlich erkrankt. Master Jones sorgte dafür, das die junge Frau in seiner Kabine untergebracht wurde, weg von der Enge und der verbrauchten Luft im Zwischendeck.

Der starke Seegang machte es unmöglich, etwas anderes zu tun als auszuharren und zu beten. Selbst die Kinder konnten nicht mehr zusammen spielen. Ihre Eltern hielten sie gut fest, damit sie nicht etwa über Bord fielen. Immer häufiger hörte man jetzt Psalmen und Gebete erschallen. Elisabeth, die schon seit Tagen eng zusammengedrängt mit Henry und Humility in ihrer Kabine hockte, fand es jedoch seltsam tröstlich. Daheim in England war sie gelegentlich mit ihren Eltern in die Kirche gegangen, zu Taufen, Hochzeiten und natürlich zu Weihnachten. Das war halt so üblich. Aber diese Separatisten redeten mit Gott wie mit einem guten Freund – sogar über ganz alltägliche Dinge.

KRAAAACK!!!

Elisabeth saß kerzengerade in ihrem Bett. Was war das? Draußen tobte ein heftiger Sturm, der das Schiff schaukeln und ächzen ließ. Plötzlich herrschte ein furchtbares Durcheinander.

»Ein Balken ist gebrochen!« … »Wasser strömt ein!« … »Holt den Kapitän!« … »Alle Mann an Deck!«

Lautes Rufen erscholl, kleine Kinder weinten. Elisabeth sah, wie Wasser durch die Luke des Hauptdecks hereinströmte. Bald war alles und jeder triefend nass.

Dann kamen die Tilley-Brüder mit Neuigkeiten zurück. »Der große Balken unter dem Hauptdeck ist gebrochen!«, schrie Elisabeths Vater. »Die Seeleute wollen mit dem Wind zurück nach England segeln. Es ist unmöglich, mit dem Schiff weiter gegen den starken Westwind zu kämpfen. Der Schaden ist zu groß.«

»Aber Carver und Bradford sagten, dass sie eine große Schraubzwinge bei ihrer Ausrüstung haben«, entgegnete Edward Tilley. »Sie haben sie für den Bau von Blockhäusern mitgebracht. Bradford ist sicher, dass der Balken damit wieder fest gemacht werden kann.«

Von allen Seiten drangen Gebete an Elisabeths Ohren. Selbst manche, die sich nicht zu den Separatisten zählten, beteten laut. Seeleute und Passagiere arbeiteten fieberhaft daran, den Balken wieder zusammenzuschrauben.

Es funktionierte! Der Balken hielt! Jubel erscholl und nicht ein Matrose grummelte, als die Separatisten niederknieten und Gott für die Rettung dankten.

Durch das schlechte Wetter war es unmöglich, die nassen Sachen zu trocknen. Viele litten unter Husten und Erkältung. Elisabeth zwang sich zum Essen. Aber sie schüttelte sich vor Ekel. Der Zwieback war voller Maden. Auch das harte Pökelfleisch konnte sie kaum hinunterwürgen. Immer noch kämpfte die *Mayflower* im Zick-Zack-Kurs gegen den Westwind an. Aber wenn jetzt der Ruf erschallte: »Fertig machen zur Wende!«, kamen nur die jüngeren Männer an Deck, um den Seeleuten bei dem Manöver in der rauen See zu helfen.

Eines Tages, als Master Jones die Segel einrollen ließ,

um aus dem Wind zu kommen, schrie jemand plötzlich: »Mann über Bord! Mann über Bord!«

Der Ruf ließ alle erschauern. Wer war es? Frauen sahen sich ängstlich an. Kinder verstummten vor Schreck. Selbst die Hunde spürten, dass etwas nicht in Ordnung war und winselten unruhig. Mary Chilton kroch über das nasse Deck zur Kabine der Tilleys. Erleichtert fielen sich die Mädchen in die Arme. Wer war es?

Jemand rief: »Es ist der junge Howland!«

Elisabeth und Mary sahen sich schuldbewusst an. Die Mädchen hatten den jungen Mann oft aufgezogen. Es war so lustig zu sehen, wie er errötete! Er war ja nur ein Diener … leichtes Ziel für die Witze und Anspielungen der beiden. So versuchten sie, ihr schlechtes Gewissen zu beruhigen. *Aber, Gott habe Erbarmen! Was, wenn …?*

Es war ganz still. Nur das Heulen des Windes und das Ächzen des Schiffes waren zu hören, wenn es von den hohen Wellen von der einen auf die andere Seite geworfen wurde. Dann:

»Er hat es geschafft! Er konnte sich an einem Seil festhalten. Jetzt ziehen sie ihn hinauf!«

Die Anspannung wich von den Mädchen, als sie die Jubelrufe von Deck hörten. Elisabeth grinste ihre Freundin erleichtert an. Die Schuldgefühle verschwanden wie Eiskristalle über dem Feuer.

»Vielleicht dachte Master Carver, dass seinem Diener ein Bad nicht schaden könne!«, kicherten die Mädchen. »Auf jeden Fall ist er der einzige Mann an Bord, der nicht stinkt wie ein Misthaufen!«

* * *

Elisabeth fror. Ihre nassen Sachen wollten einfach nicht trocknen! Fünfzig Tage auf See ... oder waren es schon sechzig? Sie hatte das Zählen aufgegeben. Sie dachte, es sei November. Aber was machte das schon. Vermutlich waren sie vom Kurs abgekommen und würden nie mehr einen Fuß auf festen Boden setzen.

Sie schloss die Augen und zog die Wolldecke fester um ihre Schultern. Sie war hungrig. Aber wenn sie noch ein Stück Pökelfleisch essen sollte, würde sie schreien! Was würde sie jetzt für eine dampfend heiße Tasse Tee mit frischer Sahne geben ... und weiches Brot mit frischer Butter ... oder für Mamas Bohneneintopf.

»Sie müssen aufstehen, Miss!«, sagte eine freundliche Männerstimme zu ihr. »Sie auch, lieber Mr Tilley. Sorgen Sie dafür, dass Ihre Familie aufsteht und an Deck kommt. Sie müssen sich bewegen, damit das Blut wieder zirkulieren kann. Die Sonne ist herausgekommen.«

Elisabeth schlug die Augen auf. William Bradford weckte behutsam ihren Vater. Dann ging er weiter zur nächsten Familie. »Master Mullins, bringen sie Ihren Joseph und die kleine Priscilla nach oben. Wir müssen uns bewegen ... Guten Tag, Mr Billington.«

Murrend, aber gehorsam, sorgte John Tilley dafür, dass seine Frau und Elisabeth die Leiter zum Hauptdeck hochkrochen. Eine frische Brise wehte, aber der Sturm war vorüber. Durch die aufgelockerte Wolkendecke schaute hin und wieder die Sonne. Elisabeth zwang sich, einige Schritte zu gehen. Immer zum

Mast und zurück. Nach einiger Zeit stellte sie erleichtert fest, dass sie sich besser fühlte. Jetzt wurde ihr endlich wieder warm, selbst hier draußen im kalten Wind.

»Land!«, schrie eine Stimme über ihrem Kopf. »Land! Ho!«

Ein ungläubiger Schauer durchlief Elisabeths Körper. Sollte es wahr sein? … Land?! Matrosen kamen herbeigeeilt. Es gab wieder Hoffnung! Jeder kam an Deck und blickte zum Horizont. Master Jones nahm ein Fernrohr und blickte lange über das Meer. Dann setzte er das Fernrohr ab und wendete sich den ängstlichen Blicken der Passagiere zu.

Ein Lächeln überflog sein wettergegerbtes Gesicht. »Bei Gott, es ist Land! Vor uns liegt Cape Cod!«

Verschwunden!

W elcher Tag ist heute?«, fragte eine heisere Stimme. »Der 9. November«, antwortete der Steuermann. Erstauntes Murmeln ging durch die Reihen der an Deck versammelten Passagiere. Dann waren sie also fünfundsechzig Tage auf See, doppelt so lange, wie Kolumbus auf seiner Entdeckungsreise hundert Jahre zuvor.

Aber die Freude darüber, dass sie bald festen Boden betreten würden, gab den schmutzigen, erschöpften und kranken Passagieren neuen Mut. Elisabeth und Mary fielen sich in die Arme. Humility und Henry hüpften ausgelassen herum. Die Hunde bellten. Männer klopften sich gegenseitig auf die Schulter. Frauen wischten sich Tränen der Erleichterung aus den Augen. Man half Mrs Hopkins und ihrem Neugeborenen die Leiter hinauf, damit sie an diesem frohen Moment auch dabei sein konnte.

»Lasst uns Gott danken, dass Er uns sicher bis hierher geleitet hat«, rief Elder Brewster aus. »Wir wollen auch all derer gedenken, die diese Reise mit ihrem Leben bezahlt haben.« Während der langen Reise waren zwei Männer erkrankt und gestorben: ein knorriger alter Matrose und einer der Diener. Sogar die Seeleute hielten ihre Zungen in Zaum, als die Separatisten auf die Knie fielen.

Sie hatten gerade ihre Gebete beendet, als John Billington sich durch die Menge zu Master Jones vordrängte.

»Haben Sie Cape Cod gesagt?«

»Jawohl.«

»Aber das Ziel unserer Reise sollte doch Virginia sein, einige hundert Kilometer weiter südlich!«

»Richtig. Aber es wird bald Winter und ich denke, dass es besser ist, jetzt an Land zu gehen. So bleibt noch Zeit, um Hütten als Schutz gegen die Kälte zu bauen.«

»Master Jones hat recht«, stimmte William Bradford zu. »Wir müssen eine Stelle mit Frischwasser finden und uns schnell niederlassen.«

»Es ist gutes Land«, meinte auch Master Carver. »Seht, der Wald reicht bis zum Wasser hinunter. Wir haben genügend Holz zum Bauen und Heizen.« Mittlerweile war das Schiff näher an die Küste herangesegelt, sodass jeder mit bloßem Auge die riesige Waldlandschaft erkennen konnte.

Jetzt fielen auch andere Stimmen ein: »Steuern Sie einen sicheren Hafen an, Master Jones!« … »Die Vorräte gehen zur Neige. Wir müssen bald etwas zu essen finden.« … »Neu-England oder Virginia, was macht das schon!«

Den ganzen Tag lang segelte die *Mayflower* die Küste entlang. Man hoffte, weiter südlich einen geeigneten Ankerplatz zu finden. Trotz des schneidend kalten Novemberwindes blieben viele Passagiere an Deck. Sie hatten so lange kein Land gesehen, dass sie den Anblick nun ausgiebig genießen wollten. Elisabeth zog ihr Wolltuch fester um die Schultern und starrte auf die felsige Küstenlinie hinaus. Sie sehnte sich danach, dieses schreckliche, überfüllte Schiff endlich zu verlassen. Aber an Land gab es keine Städte, keine

Häuser und keine bekannten Gesichter. Was gab es da draußen? Wilde Tiere? Indianer? Sie zitterte nicht nur vor Kälte …

Auf dem Weg zum Zwischendeck sah sie John Billington mit Stephen Hopkins, ihrem Vater, ihrem Onkel Edward und noch einigen anderen Männern reden.

»Ich sage euch«, hörte sie John Billington. »Der Vertrag gilt nur, wenn wir in Virginia landen. Wenn wir aber hier bleiben, kann jeder machen, was er will.«

»Was meinst du damit?«, fragte John Tilley. »Wir müssen doch alle zusammen bleiben. Sonst können wir in der Wildnis nicht überleben.«

»Oh, natürlich. Ich meine auch nicht, dass wir uns trennen sollten. Ich bin es nur leid, wie ein Hund von den Krumen zu leben, die der Herr vom Tisch fallen lässt! Jeder ist sich selbst der Nächste!«

Stephen Hopkins grunzte zustimmend.

»Aber das ist gegen das Gesetz!«, rief John Alden. Er war einundzwanzig, von Beruf Fassbinder und hatte während der ganzen langen Reise dafür gesorgt, dass die Fässer mit Mehl, Bier, Pökelfleisch und anderen Vorräten dicht waren.

Elisabeth kniff die Lippen zusammen, als sie hinter den Männern vorbeidrängte. Immer dieser Billington. Sie hatten noch nicht einen Fuß auf festen Boden gesetzt, da machte er schon Ärger. Ein ungutes Gefühl durchzog sie. Würde wohl wirklich jeder seinen eigenen Weg gehen? Sie hatten alle Verbindungen zur Heimat abgebrochen. Sie waren völlig auf sich gestellt. Um zu überleben, *mussten* doch alle zusammenhalten!

* * *

Da man auf dieser Seite von Cape Cod keinen sicheren Ankerplatz für die *Mayflower* finden konnte, ging
die Fahrt wieder rückwärts in nördliche Richtung,
wo sie am 11. November hinter der Spitze des Kaps
eine geschützte Bucht fanden. Während die Seeleute
noch die Segel einrollten, rief Master Jones alle Passagiere an Deck. Bei ihm waren Elder Brewster, Master Carver, Master Bradford und Deacon Fuller, die
Leiter der Separatisten. »Diese Männer haben etwas
zu sagen!«

»Liebe Leute«, begann Elder Brewster. Er hatte seinen
Hut abgenommen. Die dünnen grauen Haare hingen ihm bis zur Schulter. »Es sind einige unter uns,
die denken, dass wir es uns leisten können, dass jeder
seine eigenen Wege geht, sobald wir an Land sind.«

Henry und Humility jagten die Hunde von Master
Goodman kreuz und quer über Deck. »Lisa!«, zischte
John Tilley. »Sorge dafür, dass die Kinder damit auf-
hören! Sofort!«

Elisabeth erwischte Humility am Rock und zog
Henry am Ohr: »Ruhe jetzt! Man kann ja kein Wort
verstehen.«

»… verstehe euren Wunsch, ganz neu zu beginnen«,
fuhr Master Brewster fort. »Ohne die erdrückenden
Gesetze Englands. Aber um in der Neuen Welt überleben zu können, müssen wir alle zusammenhalten!
Der Einzelne kann allein nichts ausrichten, aber ge-
meinsam können wir die Zukunft für uns gestalten.«

»Was soll das bedeuten?«, fragte Billington.

William Bradford meldete sich zu Wort: »Wir als Glaubensgeschwister haben unsere eigenen Regeln und Gesetze, denen wir uns freiwillig unterordnen. Diese einfache Form einer demokratischen Regierung schlagen wir für alle vor – Geschwister und Fremdlinge – als Rechtsgrundlage unserer neuen Kolonie. Jeder freie Mann ab einundzwanzig Jahren dürfte mitentscheiden und wäre verpflichtet, sich auch an die beschlossenen Gesetze zu halten.«

»Hört! Hört!«, riefen einige.

»Erst wollen wir einen schriftlichen Vertrag sehen«, forderte Billington. »Dann entscheide ich, ob ich unterschreibe oder nicht.«

Die Leiter der Separatisten begaben sich in die Kapitänskajüte, wo sie Pergament und Tinte bekamen. Nach geraumer Zeit kamen sie wieder an Deck, wo William Bradford den Wartenden das Dokument vorlas.

»Im Namen des Herrn, Amen. Wir, die Unterzeichnenden, treue Diener König James'…«

Elisabeth sperrte ihre Ohren auf. Sie war nicht sicher, ob sie alles verstand. Aber es gefiel ihr, was Master Bradford über das Mitspracherecht aller Männer ab einundzwanzig Jahren gesagt hatte. Das würde auch für ihren Vater und ihren Onkel gelten, obwohl sie weder Land noch Adelstitel besaßen.

Bradfords klare Stimme klang über das ganze Schiff und jeder hörte ihm aufmerksam zu. »… schließen uns hiermit zusammen, um der Gemeinschaft Schutz und Ordnung zu geben, verbindliche Gesetze zu schaffen, zu handeln und zu verwalten, alles zum

Wohle der Kolonie. Wir versprechen, uns an die Regeln und Beschlüsse der Gemeinschaft zu halten …«

Als Bradford das Dokument vorgelesen hatte, herrschte ehrfurchtsvolles Schweigen. Dann trat John Carver vor, griff zur Feder und unterzeichnete. Ebenso die anderen leitenden Separatisten. Kapitän Miles Standish war der erste Unterzeichnende, der nicht zu den Separatisten gehörte. Dann trat einer nach dem anderen vor, alle freien Männer ab einundzwanzig, Wohlhabende und Arme, Heilige und Fremdlinge, und setzte seinen Namen unter das Dokument – selbst John Billington.

Als alle unterzeichnet hatten, trat ein junger Mann vor und erhob seine Stimme. Es war John Howland. »Ich bin zwar noch kein freier Mann, aber ich möchte trotzdem unterschreiben und verspreche, dass ich mich für die Einhaltung der Regeln einsetzen werde, sobald ich meinen Dienst bei Master Carver beendet habe.«

Stolz und Zustimmung standen in Carvers Gesicht, als sein Diener vortrat und den Vertrag unterzeichnete. Dem schlossen sich noch drei weitere Leibeigene an.

»Liebe Leute«, begann Elder Brewster. »Ihr habt eine gute Entscheidung getroffen. Mit der Unterzeichnung des Vertrages stehen wir nun vor der Aufgabe, einen Gouverneur zu wählen.«

»Wie wäre es mit Elder Brewster selbst?«, fragte William Mullins. Mullins war ehemals Ladenbesitzer und hatte seine Frau, seinen kleinen Sohn Joseph und seine achtzehnjährige Tochter Priscilla mit auf die Reise genommen. Der Vorschlag fand allseits Zustimmung, jedoch:

»Nein, liebe Leute!«, meinte Brewster. »Da unser Leiter bei der Versammlung in Holland geblieben ist, ist meine Aufgabe in der Neuen Welt religiöser und nicht weltlicher Natur. Wählt darum einen anderen.«

Stephen Hopkins war dafür, einen Mann von den sogenannten Fremdlingen zu wählen und nicht von den Separatisten. Aber es war selbst für Elisabeth offensichtlich, dass das Amt einem Separatisten zustand, da sie es waren, die mit ihrem Vertrag die Gemeinschaft vor der Anarchie bewahrt hatten.

Nach langen Verhandlungen wurde schließlich John Carver zum ersten Gouverneur der neuen Kolonie gewählt. Jetzt war es John Howland, der vor Stolz und Zustimmung strahlte.

* * *

»Warum können *wir* nicht mit an Land gehen?«, quengelte Humility.

»Weil wir schon waren«, seufzte Elisabeth. Sie und die Kinder sowie zwei Kinder der Familie Hopkins hockten in einer windgeschützten Ecke an Deck des Schiffes. Man hatte einige der älteren Mädchen gebeten, doch mit den kleineren Kindern hinaufzugehen, weil es unter Deck so eng war. Johnny und Francis Billington spielten zusammen mit Henry, Giles Hopkins und anderen Jungen Piraten.

»Aber das war vor drei Wochen!«, beschwerte sich Humility. »Und dann mussten wir immerzu Holz sammeln, damit Tante Ann und Tante Joan Wasser zum Wäsche waschen erhitzen konnten.«

»Und ihr habt Muscheln gesucht!«, erinnerte sie Elisabeth.

Die Kinder verzogen angeekelt das Gesicht. Sie hatten die Muscheln gekocht und gegessen. Aber davon war ihnen furchtbar schlecht geworden!

»Mir ist kalt! Können wir nicht runter gehen?«, bettelte Humility. »Du weißt, dass es nicht geht!« Elisabeth verlor bald die Geduld. »Mrs White hat … also, ihre Zeit ist gekommen.« Ein weiteres Baby wurde geboren und die Siedler hatten immer noch keine Häuser errichtet.

Es war schon fast Winter. Die *Mayflower* ankerte immer noch in der Bucht vor Cape Cod und die Passagiere durften nicht von Bord. Kapitän Standish hatte zusammen mit sechzehn bewaffneten Männern die Gegend um das Kap erkundet. Erst wollten sie dazu die Schaluppe nehmen, ein etwa elf Meter langes Arbeitsboot mit kleinem Segel. Damit hätten sie an der Küste entlangsegeln können. Aber auf der Überfahrt war es während rauer See beschädigt worden, sodass es erst repariert werden musste, um wieder fahrtüchtig zu sein. Deshalb mussten die Männer mit dem Langboot vorlieb nehmen und das Kap rudernd umfahren.

Nach zwei Tagen kehrten sie zurück. Obwohl sie keinem Indianer begegnet waren, wussten sie dennoch, dass sie da waren: Sie hatten ein paar Körbe mit Maiskörnern gefunden, die in einem Erdhügel vergraben waren. Diese hatten sie ausgegraben und zum Schiff zurückgebracht. Die Separatisten dankten Gott für sein Versorgen mit Nahrung, die sie so dringend brauchten. Aber Elisabeth bekam Angst.

*Würden die Indianer nicht böse werden, wenn sie ihnen
das Essen wegnahmen?*

Die Männer waren jedoch guten Mutes. Edward
Winslow berichtete amüsiert, wie William Bradford
mit dem Fuß in eine Falle für Tiere geraten war und
– *wupp!* – kopfüber in einem Baum hing. Alle hatten
herzlich lachen müssen, als man ihn befreite. Sogar
Dorothy Bradford musste lächeln, als sie die Geschichte
hörte.

Jetzt war eine größere Gruppe von fünfundvierzig
Männern – angeführt von Master Jones – erneut
auf Entdeckungsfahrt, diesmal mit der reparierten
Schaluppe. Es war jedoch so kalt, dass in kürzester
Zeit Männer und Boot von einer dünnen Eisschicht
überzogen waren. Daher entschloss man sich, die
Küste zu Fuß weiterzuerforschen. Nachdem vereinbart
wurde, die Männer nach vier Tagen wieder
abzuholen, kehrte die Schaluppe zum Mutterschiff
zurück.

Tag für Tag hatten die Passagiere nichts anderes zu
tun, als zu warten, warten und nochmals zu warten.
Sie versuchten, so gut es ging, einigermaßen warm
zu bleiben. Fast alle Kinder hatten Husten und laufende
Nasen, ebenso viele Erwachsene.

»Kommt hierher zurück, ihr kleinen Ausreißer!«
Mary Chilton versuchte, Love und Wrestling Brewster
sowie zwei Brüder von Ellen More einzufangen.
In wilder Jagd ging es die Leitern zum Achterdeck
hinauf und hinunter. Die hübsche Priscilla Mullins
und Desire Minter erzählten derweil Ellen More und
den Kindern der Allertons in einer windgeschützten
Ecke Märchen.

»Hey, Sommersprossengesicht!« Johnny Billington zog Elisabeth am Ohr, als er an ihr vorbei rannte.

Elisabeth versuchte ihn einfach zu ignorieren und wandte sich ab. Wo war Resolved White? Vielleicht bei Dorothy Bradford? Sie liebte den Jungen, als wenn er ihr eigenes Kind wäre. Und jetzt hatte Mrs White ja ihr Baby, um das sie sich kümmern musste. So war es für beide Frauen wohl das Beste.

Elisabeth Winslow kam an Deck. »Mrs White hat einem gesunden Jungen das Leben geschenkt!«, berichtete sie mit lachendem Gesicht. »Er soll Peregrine, der Reisende, heißen.« Mrs Winslow zog die kleine Ellen in ihre Arme. »Tja, nun haben wir noch einen kleinen Pilger.«

* * *

Elisabeth schreckte aus dem Schlaf hoch. Sie hatte das Gefühl, dass irgendetwas nicht stimmte. Aber im Zwischendeck war alles ruhig, außer dass von Zeit zu Zeit jemand im Schlaf hustete.

Elisabeth legte sich wieder hin, konnte aber nicht mehr einschlafen. Am Vortag, dem 6. Dezember, war bereits der dritte Erkundungstrupp, zehn Kolonisten und acht Besatzungsmitglieder, von Bord gegangen, um einen geeigneten Platz zum Bau einer Siedlung zu finden. Man hatte beschlossen, dass sie nicht eher zurückkehren sollten, ehe ihre Suche Erfolg gehabt hätte. Kurz vorher hatte es noch einen gefährlichen Zwischenfall gegeben: Johnny Billington hatte mit der Muskete seines Vaters in der Nähe eines Pulverfasses hantiert. Dabei hatte sich versehentlich ein Schuss gelöst und das Pulver in Brand gesetzt. Die lodernden Flammen versetzten die Kinder in Panik! Durch das beherzte Eingreifen eines Passagiers, der kurzerhand ein Fass Bier über die Flammen kippte, konnte der Brand gelöscht werden. Dieser Zwischenfall steigerte die Nervosität an Bord noch mehr, aber trotzdem bereiteten die Männer ihren geplanten Landgang weiter vor, bei dem sie das Hinterland des Kaps erforschen wollten.

Elisabeth hörte, wie Dorothy Bradford ihren Mann bat: »William, bitte geh nicht! Was ist, wenn … wenn die Indianer euch angreifen? Bitte, lass jemand anders gehen!« – »Ich muss, Dorothy«, entgegnete Bradford entschlossen. »Dazu sind wir schließlich hergekommen. Je eher wir einen Platz finden, an dem wir unser Lager aufschlagen können, desto eher kann ich dich von diesem Schiff holen und in ein ordentliches Heim bringen. Ich weiß, dass es schwer für dich ist, aber Gott hat uns sicher bis hierher gebracht, nicht wahr? Bis jetzt haben wir mehr Spuren von Indianern gesehen als Indianer selbst. Wahrscheinlich haben sie genauso viel Angst vor uns wie wir vor ihnen. Aber jetzt muss ich gehen. Bete, dass alles gut ausgeht!«

Dorothy Bradford schaute der Schaluppe noch lange hinterher, bis sie hinter der Spitze der kleinen, geschützten Bucht verschwand und Kurs auf die andere Seite des Kaps nahm.

Jetzt war Nacht. Elisabeth lag auf ihrem Bett und hörte nur das klatschende Geräusch der Wellen, die an den Schiffsrumpf schlugen. Dabei dachte sie über die Bradfords nach. Dorothy war noch sehr jung, höchstens zwanzig oder einundzwanzig Jahre alt. Sie hatte bereits einen fünfjährigen Sohn. Dann war sie erst fünfzehn oder sechzehn gewesen, als sie geheiratet hatte. Puh, Elisabeth konnte sich nicht vorstellen, dass sie selbst in zwei Jahren schon heiraten sollte, obwohl das nicht ungewöhnlich für die damalige Zeit war. Aber man heiratete aus verschiedenen Gründen, meistens, weil es praktisch war. Ihre Schwestern heirateten zum Beispiel, damit sie aus dem Haus kamen, als die ersten Schwierigkeiten mit den Eltern auftauchten. Aber sie nicht! Sie würde nicht einfach irgendjemanden …

Da! Was war das? Es hörte sich an, als ob jemand umherging. Vielleicht musste jemand mal … Nein! Da stieg einer die Leiter zum Deck hinauf! Elisabeth schob die Gardine der Kabine etwas zur Seite. Im schwachen Schein der Öllampe sah sie jemand mit einem kastanienbraunen Cape die Leiter hochklettern.

Mrs Bradford hatte solch ein Cape! Was hatte sie vor? Neugierig schlich Elisabeth auf Zehenspitzen aus der Kabine hinter der jungen Frau her. Sie kletterte die Leiter empor und sah durch die Luke. Auf dem Achterdeck stand eine Frau, deren dunkle Röcke sich im kalten Dezemberwind bauschten. War es Mrs Bradford? Elisabeth war sich nicht sicher.

Sie schlich vorsichtig über die Planken bis zum Hauptmast, von wo sie einen guten Überblick hatte. Im schwachen Licht konnte sie die Gestalt nun deutlich erkennen: Es war Dorothy Bradford! Aber was hatte sie vor, mitten in der Nacht, bei der Kälte? Sie würde sich noch den Tod holen! Außerdem war die Reling auf dem Achterdeck wesentlich niedriger als auf dem Hauptdeck.

Elisabeth wollte die junge Frau ansprechen, damit sie wieder herunterkam in die Wärme und Sicher-

heit des Zwischendecks. Ihre Mutter hätte es auch getan! Aber es gehörte sich nicht für ein Mädchen, so zu einer verheirateten Frau zu reden … Und Dorothy Bradford sah nicht so aus, als ob sie angesprochen werden wollte. Sie blickte aufs Meer hinaus. Als das Schiff etwas schaukelte, schwankte sie unsicher und griff nach einem Tau, um sich festzuhalten. Wahrscheinlich hielt sie Ausschau nach der Schaluppe, in der Hoffnung, dass ihr Mann bald zurückkehren würde. Aber die Männer hatten das Schiff erst am Vortag verlassen. Es war unwahrscheinlich, dass sie so schnell wiederkämen.

Elisabeth zuckte mit den Schultern und ging wieder hinunter. Sollte sie sich doch dort oben den Tod holen, wenn sie das wollte. *Sie* würde sich darüber nicht länger den Kopf zerbrechen. Es gab schon zu viele, die sich über Mrs Bradford Gedanken machten! Die anderen Leute hatten doch auch ihre Sorgen. Alle waren nach der langen Reise erschöpft, kalt, hungrig und einsam. Was hatte diese Frau denn anderes in der Wildnis erwartet?

Elisabeth stieg vorsichtig über die schlafenden Menschen unter Deck hinweg zurück zu ihrer Kabine. Sie kuschelte sich in die Decke und schlief schnell ein.

* * *

Normalerweise wurde Elisabeth morgens immer von den Liedern und Gebeten der Separatisten geweckt. Heute Morgen hörte sie stattdessen eilige Schritte und aufgeregte Stimmen an Deck. Schnell knöpfte sie ihre Weste zu und kroch aus dem Bett. Die Kohlenpfannen waren kalt. Alle waren an Deck um Elder Brewster versammelt.

»Und ihr habt wirklich das ganze Schiff abgesucht?«, fragte Brewster, dessen sonst so ruhiges Gesicht jetzt ganz sorgenvoll aussah.

»Ja, ja! Wir haben überall nachgesehen!«, schluchzte Mrs Winslow händeringend. »Ich habe ihr angeboten, in unserer Kabine zu schlafen, bis unsere Männer zurückgekehrt sind. Aber als ich heute Morgen erwachte, war sie fort. Dorothy Bradford ist einfach verschwunden!«

Das Geheimnis

Eine fürchterliche Ahnung überkam Elisabeth. Dorothy Bradford war fort! Aber ... das konnte doch nicht wahr sein! Sie dachte an die letzte Nacht, als sie die junge Frau so traurig und allein auf dem Achterdeck beobachtet hatte. Sie hatte noch befürchtet, dass sie sich erkälten würde, aber ... verschwinden? Wo hätte sie denn hingehen können? Die *Mayflower* lag doch inmitten einer kalten, einsamen Bucht vor Anker. Sie konnte sicher nicht an Land schwimmen. Aber wenn sie nicht auf dem Schiff war, wo war sie dann?

»Das Boot!«, schlug jemand hoffnungsvoll vor. Elder Brewster schüttelte den Kopf. »Es ist noch da. Und die Männer sind mit der Schaluppe unterwegs. Ich ... ich fürchte, dass wir den Tatsachen ins Auge sehen müssen. Meine Freunde, es ist anzunehmen, dass unsere liebe Mrs Bradford ... dass sie einen Unfall hatte und ...«, der alte Mann schluckte, »... dass sie über Bord gefallen ist.«

Aus dem Gesicht von Mrs Winslow wich jegliche Farbe. Einige Frauen führten sie zu einem Stapel Gepäck, auf dem sie sich niederlassen konnte. Hier und dort war leises Schluchzen unter den versammelten Menschen zu hören.

Einige Männer redeten ruhelos weiter. »Vielleicht sollten wir das Schiff noch mal gründlich durchsuchen. Es könnte doch sein, dass sie irgendwo eingeschlafen ist und dass wir sie übersehen haben …«

»Seid vernünftig, Männer! Wir haben das Schiff dreimal abgesucht.«

»Hat jemand sie letzte Nacht an Deck gesehen?«

»Nein. Master Jones hat keine Wache mehr aufgestellt, seit wir hier in der Bucht vor Anker liegen.«

Elisabeth wollte aufspringen und rufen: »Ja! Ich habe sie gesehen! Sie war auf dem Achterdeck und blickte hinaus aufs Meer. Ich dachte, dass es verrückt war, bei dem kalten Wind und dazu noch in der Nacht draußen herumzulaufen.« Aber die Worte blieben ihr im Hals stecken.

Warum?, würde man sie fragen. *Warum hast du ihr nicht gesagt, dass sie wieder hereinkommen soll? Warum hast du sie da draußen allein gelassen? Warum hast du nicht jemanden geweckt? Du weißt doch, dass die Reling am Achterdeck niedriger ist als auf dem Hauptdeck. Jetzt siehst du, was passiert ist! Mrs Bradford ist über Bord gefallen – und das ist deine Schuld!*

Sie unterdrückte einen Schreckensschrei, der ihr aus dem Mund fahren wollte und stolperte zurück in die Kabine. Dort rollte sie sich auf dem schmalen, engen Bett zusammen. Lautloses Schluchzen schüttelte ihren ganzen Körper …

Hätte sie nicht so lebhaft über Dorothy Bradford hergezogen und ihr stattdessen Hilfe angeboten, dann wäre die junge Frau heute noch am Leben.

* * *

Am fünften Tag nach dem Verschwinden von Mrs Bradford kam der Erkundungstrupp mit der Schaluppe zurück. Lautes Rufen lockte jedermann an Deck. Elisabeth schlang ihr Wolltuch um die Schultern und folgte den anderen langsam, den Moment fürchtend, an dem William Bradford von dem Unglück seiner hübschen, jungen Frau hören sollte.

Als die Schaluppe an der Breitseite der vereisten *Mayflower* festgemacht hatte, wurde eine Strickleiter herabgelassen, an der die Teilnehmer der Expedition heraufkletterten. Aufgeregt redeten alle durcheinander. »Wir haben gefunden, wonach wir gesucht haben!« Edward Winslow grinste fröhlich. Seine Wangen und die Nase waren von der Kälte gerötet. »Die Felder sind schon bereit für die Saat!«

»Wahrscheinlich ein verlassenes Indianerdorf«, meinte Kapitän Standish und strahlte seine Frau Rose an.

»Mit einem kleinen Fluss, der ins Meer mündet«, fügte William Bradford hinzu. Er lächelte auch, wobei ihm kleine Eiszapfen an Schnäuzer und Bart hingen.

»Wir haben die Landkarte von Kapitän John Smith benutzt«, meinte Gouverneur Carver. »Er nannte den Ort Plymouth, als er vor sechs Jahren dieses Gebiet erforscht hatte.«

Da bemerkten die Männer des Erkundungstrupps, dass ihre guten Neuigkeiten mit ungewöhnlichem Schweigen aufgenommen wurden.

»Was ist los?«, fragte Edward Winslow. Seine Blicke gingen von einem zum anderen. Dann sah er seiner Frau ins Gesicht: »Elisabeth! Was ist geschehen?«

Elisabeth Winslow schlug die Hände vors Gesicht und fing an zu weinen.

»Bitte, Geschwister, so redet doch!«

Elder Brewster trat aus der Menge hervor und ging zu William Bradford. Er sah müde und gealtert aus. »William, mein Guter, während deiner Abwesenheit gab es ein schreckliches Unglück. Deine Frau, Dorothy, sie … sie ist verschwunden, in der Nacht, nachdem ihr aufgebrochen wart. Vermutlich ist sie über Bord gefallen und ertrunken.«

William Bradford sah den alten Mann verständnislos an. Auf den Gesichtern der anderen Expeditionsteilnehmer spiegelte sich das Entsetzen wider.

Der Gouverneur Carver war der Erste, der die Stimme wiederfand. »Was meinst du mit vermutlich? Hat niemand sie gesehen? Gibt es keine Spur?«

Elder Brewster schüttelte den Kopf. »Es gibt keine andere Erklärung für ihr Verschwinden. Niemand hat sie gesehen; aber sie muss nachts aufgestanden und an Deck gegangen sein. In der Nacht war es sehr kalt. Alles an Deck war vereist und glatt. Sie muss ausgerutscht sein und …« Der alte Mann legte Bradford die Hand auf die Schulter. »Wir haben ihren Leichnam nicht gefunden.«

William Bradford konnte nicht sprechen. Elisabeth fing an zu zittern, als sie in das schmerzverzerrte Gesicht des Mannes starrte. *Du hast sie gesehen!*, flüsterte eine Stimme in ihr. *Und du hast immer noch nichts gesagt!*

Aber eine andere Stimme sagte: *Nein! Du hast nicht gesehen, dass sie heruntergefallen ist. Als du sie gesehen*

hast, ging sie an Deck spazieren. Du konntest nicht wissen, dass sie ausrutschen und fallen würde!

Elisabeth beruhigte sich etwas. Sie sollte Elder Brewster sagen, was sie gesehen hatte. Warum nicht? Es würde nur bestätigen, was sowieso alle vermuteten. Aber jetzt konnte sie noch nichts sagen, nicht, nachdem sie schon fünf Tage geschwiegen hatte. Aber was machte das schon? Sie hatte nicht gesehen, wie die junge Frau über Bord gefallen war. Niemand wusste wirklich, was geschehen war. Ihr Tod würde ein Rätsel bleiben, ob Elisabeth nun reden würde oder nicht.

Elder Brewster leitete das Abendgebet an Deck, das heute viel melancholischer als gewöhnlich war. Die Gläubigen sangen schwermütige Lieder über die himmlische Herrlichkeit und Psalmen des Trostes. Die Tilleys und andere Fremdlinge, tief berührt von dem frühen Tod der jungen Mrs Bradford, gesellten sich zu den Betenden, um ihr Mitgefühl zum Ausdruck zu bringen. William Bradford stand, seinen Hut in Händen haltend, still dabei. Während die Gläubigen ihre Lieder und Gebete darbrachten, war sein starrer Blick auf das weite Meer gerichtet.

»Ach, er denkt sicher an den kleinen John, der in England zurückgeblieben ist und jetzt keine Mutter mehr hat«, meinte Susanna traurig und drückte ihren Peregrine fest an sich. Resolved hing an ihrem Rock und nuckelte unbemerkt am Daumen.

Aber am nächsten Tag widmeten alle ihre Aufmerksamkeit dem Bericht der achtzehn Entdecker. Viele der Männer waren erschöpft und erkältet von der Fahrt in der Schaluppe und vom Schlafen in der Kälte draußen. Ein plötzlicher Windstoß hatte den Mast der Schaluppe in drei Teile zerbrochen. Das kleine Schiff wäre dabei beinahe gekentert. Mit knapper Not hatten sich die Männer rudernd an Land retten können. Sie hatten einige Indianer beobachtet, die jedoch im Wald verschwanden, bevor die Schaluppe das Festland erreicht hatte. Und eines Morgens, als sie gerade das Boot startklar machen wollten, ertönten gellende Schreie aus dem Wald. Dann wurden sie mit Pfeilen beschossen, die jedoch niemanden verletzten. Schnell griffen die Männer zu ihren Musketen und feuerten auf die Schatten zwischen den Bäumen. Man war sich aber einig, dass beide Seiten lediglich viel Lärm gemacht hatten und dass niemand ernsthaft bedroht war. Das war nun also ihre erste Begegnung mit den Indianern. Daher nannte man den Ort später *First Encounter Beach* (Strand der ersten Begegnung).

Als die Entdecker sich etwas von ihrer anstrengenden Fahrt erholt hatten, breiteten sie die grobe Übersichtskarte, die Kapitän Smith einige Jahre zuvor angefertigt hatte, vor den anderen aus und zeigten ihnen die Stelle, die sie für den Bau der Kolonie ausgewählt hatten. Bald darauf waren Gouverneur Carver und einige Männer in eine Diskussion darüber vertieft, welche und wie viele Hütten man zuerst errichten sollte. »Gut, gut!«, meinte Master Jones ungeduldig. »Je schneller ihr mit dem Bau eurer Hütten fertig seid, desto eher kann ich mit meiner Mannschaft nach England zurücksegeln.«

Freitag, den 15. Dezember, wurde der Anker gelichtet und die Segel gesetzt. Sie verließen die geschützte Bucht und segelten zur Spitze von Cape Cod. Aber der Wind kam aus der falschen Richtung, sodass sie für die vierzig Kilometer über die offene See einen ganzen Tag brauchten. Erst am Samstag ankerten sie in einer geschützten Bucht, etwa neunzig Meter von dem kleinen Punkt entfernt, der Plymouth genannt wurde.

Der nächste Tag war Sonntag, der Tag des Herrn. Selbst die Seeleute hatten sich darin gefügt, dass die Separatisten an diesem Tag die Arbeit niederlegten. Außerdem forderten Kälte und Erschöpfung ihren Tribut, sodass niemand etwas gegen eine Ruhepause einzuwenden hatte. Sam Fuller, der Diakon der Gemeinde, hatte einen kleinen Vorrat an Heilkräutern dabei, aus denen er Tees für diejenigen bereitete, die an Fieber und Husten litten.

Elisabeth brachte etwas Tee zu ihrem Vater und ihrem Onkel, die sich eine schlimme Erkältung zugezogen hatten. »Das ist lieb von dir, meine Tochter«, sagte John Tilley und schlürfte dankbar das heiße Getränk. Elisabeth hatte einen Kloß im Hals. Wenn ihr Vater wüsste, wie lieblos ihre Gedanken in der Nacht waren, als Dorothy Bradford …

Ärgerlich schüttelte das Mädchen die Gedanken daran ab. Daran konnte man jetzt auch nichts mehr ändern! Mrs Bradford war tot. Sie war über Bord gefallen und ertrunken. Keiner wusste wie. Es war einfach ein Unfall! Zu gestehen, dass sie die junge Frau und Mutter in der besagten Nacht auf dem Achterdeck gesehen hatte, würde daran nichts ändern. Sie musste ihr Geheimnis für sich behalten!

Krankheit und Tod

Die *Mayflower* lag etwa zwei Kilometer vor der Küste vor Anker. Jeden Tag setzten die Männer mit dem kleinen Langboot über und debattierten, wo genau sie die Häuser der Kolonie errichten sollten. Es sollten neunzehn englische Holzhäuser für die etwa hundert Siedler entstehen. Aber zuerst sollte ein Gemeinschaftshaus und einige Hütten errichtet werden, damit die *Mayflower* nach England zurücksegeln konnte.

Am Mittwoch gingen zwanzig Männer, die einigermaßen gesund und kräftig genug waren, an Land und begannen, die ersten Bäume zu fällen. Sorgenvoll beobachtete Elisabeth den wolkenverhangenen Himmel, als sie auf die Rückkehr des Bootes wartete. Einige Frauen und Kinder wollten ebenfalls an Land gehen, um Brennholz zu sammeln. Das würde ihnen sicher gut tun. Oh, wie sie sich danach sehnte, ihre Beine auszustrecken und etwas am Strand spazieren zu gehen!

Aber noch bevor die Männer das Werkzeug ausgeladen hatten, begann es zu regnen und sie mussten zum Schiff zurück.

Elisabeth schluckte die Enttäuschung hinunter und half ihrer Mutter, dem Vater die nassen Sachen auszuziehen und ihn in eine warme Decke zu wickeln.

»Meine Güte, John! Mit diesem schrecklichen Husten hättest du heute gar nicht raus gedurft.« Besorgt rieb Joan Tilley die kalten Füße ihres Mannes. Trotz Elisabeths Enttäuschung huschte ein kleines Lächeln über das Gesicht des Mädchens. Die Stimme ihrer Mutter war besorgt, nicht ärgerlich! Die Ankunft in der Neuen Welt war gut für die Tilleys. Die Vergangenheit lag hinter ihnen. Nun konnten sie ein neues Leben beginnen!

»Ach, gute Frau, mach dir keine Sorgen. Mir geht's gut!«, sagte John Tilley. Er war ziemlich heiser und verzog das Gesicht, wenn er hustete, als ob er starke Halsschmerzen hätte … »Lisa, könntest du bei Doktor Fuller noch etwas von dem guten Tee für mich bekommen?«

Doktor Fuller? Belustigt suchten ihre Augen das Zwischendeck nach dem freundlichen Gemeindediener ab. Nachdem Sam Fuller angefangen hatte, Tee aus Heilkräutern zu bereiten, nannten ihn alle Passagiere plötzlich Doktor. Da! Er war gerade bei der Kabine der Allertons. Bei Mary Allerton hatten heute Morgen die Wehen eingesetzt. Jetzt hörte man sie stöhnen … War etwas nicht in Ordnung? Elisabeth trat etwas näher heran. »Kannst du ihr nicht helfen?« Es war Isaac Allerton, der Fuller angstvoll um Hilfe bat. »Ich will sie nicht auch noch verlieren!«

»Ich tue, was ich kann«, hörte sie den alten Mann sagen. »Aber sieh du jetzt zu, dass das Kleine beerdigt wird.«

Elisabeth wandte sich ab. Tränen schossen ihr in die Augen. Nicht noch ein Toter! Nicht so ein kleines Baby! Plötzlich war es Elisabeth, als ob jemand das

Licht der Hoffnung ausgelöscht hätte. Alle Zuversicht war von ihr gewichen.

* * *

Der kalte Regen hielt vier Tage an. Noch bevor er aufhörte, wurde Mary Allerton zusammen mit ihrem Baby auf dem kleinen Hügel neben dem verlassenen Indianerdorf, das ihre neue Heimat werden sollte, zur letzten Ruhe gebettet. »Meine Güte, wie furchtbar!«, sagte Joan Tilley. »Zwei Gräber in der Erde, noch ehe eine Hütte darauf steht.«

Und eines im Meer!, flüsterte die Stimme in Elisabeth. Sie schüttelte die schlechten Gedanken ab und stürzte sich in eine neue Arbeit: Ein Loch in ihrem Strumpf musste gestopft werden.

Fast jeder an Bord litt nun unter Husten und Schnupfen. Die Stimmung war gedrückt; der Winter kam immer näher und man hatte noch nicht eine Hütte errichten können.

Schließlich, am 24. Dezember, hörte es auf zu regnen und die Sonne kam heraus. Aber es war Sonntag, der Tag der Ruhe. Die Siedler mussten auf dem Schiff bleiben und konnten nicht arbeiten. Aber nicht wenige Separatisten flehten zu Gott, er möge das gute Wetter erhalten ...

Der Morgen des 25. Dezember war klar und kalt, aber frostfrei. Die Separatisten standen beim ersten Tageslicht auf, hielten ihre Morgenandacht und beluden das Langboot mit Äxten, Sägen, Schaufeln und Spitzhacken. Aber einige Frauen der Fremdlinge flüsterten mit ihren Männern und drängten sie, etwas zu sagen.

»Ach, Master Carver. Meine Frau hat mich gerade daran erinnert, dass heute Weihnachten ist.«

Weihnachten! Elisabeth dachte an leuchtende Kerzen in der Christmette, die das Christkind willkommen heißen sollten … an eine knusprige Gans im Ofen … fröhliche Spiele mit ihren Schwestern … und an das Fest der drei Könige, wo es immer ein kleines Geschenk für jeden gab, ein buntes Haarband oder ein paar Münzen …

Aber Master Carver lud ohne Unterbrechung weiteres Werkzeug in das kleine Boot.

»Das ist nicht wichtig für uns, guter Mann. Weihnachten ist ein von Menschen eingesetzter Feiertag. Daher hat er für uns keine Bedeutung.«

Stephen Hopkins räusperte sich: »Aber wir haben eine anstrengende Reise hinter uns. Ein klein wenig feiern zu Ehren des Jesuskindes würde Frauen und Kinder erfreuen.«

»Gestern haben wir ausgeruht«, sagte Carver streng. »Heute müssen wir arbeiten.« Unwilliges Gemurmel lief durch die Reihen der Fremdlinge.

Elder Brewster erhob die Stimme: »Liebe Leute, wir ehren Christus wahrhaftig, wenn er in unseren Herzen lebt und wir seine Gebote halten. Dazu braucht es keine besonderen Feiertage.«

»Elder Brewster hat recht«, sagte Carver ungeduldig. »Aber jetzt geht es um unser Überleben. Keiner hat das Recht, sich einen Feiertag zu nehmen, während die anderen arbeiten. Wir müssen das gute Wetter ausnutzen. Kapitän Standish, wir brauchen noch einige bewaffnete Männer zu unserem Schutz. Bradford, deine Leute fällen die Bäume. Winslow …«

Die Arbeitsverteilung ging weiter. Gouverneur Carver wandte sich an den jungen John Alden: »Du nimmst so viele größere Jungen und Mädchen wie möglich. Ihr werdet am Fluss trockenes Gras schneiden. Gras, nicht Schlamm! Hast du verstanden?!«

Elisabeths Enttäuschung über das ausgefallene Weihnachtsfest verschwand. Außerdem war an Bord der überfüllten *Mayflower* sowieso kein Platz zum Feiern. Also los! An die Arbeit! Jetzt konnte sie endlich helfen, ihre neue Heimat zu gestalten.

* * *

Elisabeth knurrte der Magen, als sie mit einem scharfen Stein Stroh vom Ufer des kleinen Flusses, den sie Town Brook genannt hatten, abschnitt. Ihre Finger waren steif vor Kälte und ihre Nägel abgebrochen. Das Stroh, das sie und die anderen Kinder abgeschnitten hatten, brachten sie in großen Körben zu den Männern, die gerade das Gemeinschaftshaus errichteten.

Mit einer langen Säge wurden die Baumstämme in rohe Balken zersägt, aus denen das Rahmengerüst für das etwa 6 x 6 m messende Gebäude gezimmert wurde. Die Außenwände wurden mit Brettern verkleidet, wobei Stroh in Ritzen und Fugen gestopft wurde, um das Haus schön winddicht zu machen.

Elisabeth richtete sich mühsam auf und stolperte zu Mary Chilton hinüber, die gerade ihren Korb geschultert hatte. Die beiden schlurften zu den Bauleuten, um das Stroh abzuliefern. »Warum dürfen Priscilla Mullins und Desire Minter auf die Kleinen aufpassen, während wir uns hier abrackern? Das ist ungerecht!«, beschwerte sich Mary.

Müde zuckte Elisabeth die Schultern: »Vielleicht hat John Alden ein Auge auf Priscilla geworfen und möchte nicht, dass sie sich ihre zarten Händchen ruiniert.« Aber irgendwie war sie heute nicht zu Scherzen aufgelegt. Besorgt wandte sich das Mädchen an ihre Freundin: »Wie geht es deiner Mutter, Mary? Mein Vater, … also … es geht ihm ziemlich schlecht. Heute konnte er nicht mal das Schiff verlassen. Und Mutter sah auch nicht gut aus.«

Mary nickte. »Meiner Mutter geht es auch nicht gut. Doktor Fuller meint, es sei vielleicht eine Lungenentzündung. Sobald das Gemeinschaftshaus fertig ist, will er die Kranken dort einquartieren, damit sie sich am Feuer wärmen können.«

Die Mädchen wanderten noch zweimal vom Flussufer zurück zur Baustelle, bis endlich Zeit für die Mittagspause war. Kapitän Standish hatte einige Wildenten erlegt und daraus eine gute Suppe gekocht. Oh, wie Elisabeth die heiße Brühe genoss! Und während sie am knisternden Feuer saß und ihre Suppe aß, durchzog sie eine wohlige Wärme.

»Wir sollten heute noch mit dem Kamin fertig werden. Wer weiß, ob sich das Wetter hält. Durch das schlechte Wetter zu Anfang und die vielen Kranken haben wir schon zu viel Zeit verloren«, meinte Master Carver besorgt. »Außerdem sollten alle möglichst bald von Bord und in warme Hütten kommen.«

»Wir könnten zunächst provisorische Hütten bauen«, schlug Bradford vor. »Es gibt im Wald genügend

Ruten, die wir zusammenflechten und mit Lehm und Stroh ausstopfen könnten.«

»Mmmh, keine schlechte Idee«, stimmte Carver zu. Elisabeth und Mary verdrehten die Augen: Noch mehr Stroh sammeln!

Als Elisabeth abends in die Schaluppe kletterte, um zur *Mayflower* zurückzusegeln, meinte sie, noch niemals in ihrem Leben so müde gewesen zu sein. Der kalte Nieselregen brannte auf ihren rauen Wangen. Alle an Bord des kleinen Schiffes waren in dicke Wollcapes gehüllt, die ihre Konturen verwischten, sodass die Einzelnen wie große, dunkle Lumpenhaufen aussahen. Müde beobachteten sie, wie die *Mayflower* vor ihnen im grauen Dunst immer größer wurde. Wie mochte es ihren Familien inzwischen ergangen sein? Rose Standish war krank; ebenso Elisabeth Winslow und die kleine Ellen More. William White, der Vater von Resolved und Peregrine, war, wie John Tilley und einige andere, heute zu schwach zum Arbeiten.

John Howland und John Goodmann stiegen als Erste die wackelige Strickleiter zum Schiff hinauf. Dann halfen sie den anderen, an Bord zu kommen. Elisabeth war zu müde, um Danke zu sagen. Außerdem würde Howland sonst sowieso wieder erröten …

In der Kabine der Tilleys versuchte Joan Tilley, ihrem Mann etwas heiße Brühe einzuflößen. Aber bei dem Versuch zu schlucken musste er würgen. Zum ersten Mal sah Elisabeth Angst in den Augen ihrer Mutter. »Zieh deine nassen Sachen aus, Kind«, sagte die Mutter müde. »Es soll nicht noch jemand krank werden, nicht wahr? Was ist? Warum starrst du mich so an?«

Erschrocken blickte Elisabeth auf die geschwollenen und blutenden Lippen ihrer Mutter. »Doktor Fuller! Kommen Sie schnell!«

Samuel Fuller eilte zur Kabine der Tilleys. Vorsichtig untersuchte er Joan Tilleys blutenden Mund. Dann schüttelte er den Kopf. »Das habe ich befürchtet. Viele Seeleute erkranken daran, wenn sie einige Monate auf See sind – man weiß nicht, warum. Ich habe den Verdacht, dass es an der schlechten Ernährung liegt. Blutende Lippen sind die ersten Anzeichen.«

Joan Tilleys Kinn zitterte. »Erste Anzeichen wofür?«, fragte sie flüsternd.

Doktor Fuller blickte sie ernst an. »Skorbut.«

* * *

Das Jahr 1621 begann kalt und trostlos. Elisabeth sollte diese ersten Wochen des neuen Jahres noch lange in trauriger Erinnerung behalten. Nach und nach entstanden ein halbes Dutzend einfacher Hütten aus geflochtenen, mit Lehm bestrichenen Wänden und Strohdach. Das Schiff und das Gemeinschaftshaus wurden als Hospital für die Kranken benutzt. Für die meisten von ihnen half jedoch nur noch Hoffen und Beten …

Elisabeth blieb an Bord des Schiffes, wo sie ihre kranken Eltern pflegte, so gut sie eben konnte. Von dem kleinen neuen Dorf, das sie Plymouth genannt hatten, und das hinter der Bucht Gestalt annahm, kamen traurige Nachrichten an Bord der *Mayflower*. Gouverneur Carver lag krank im Gemeinschaftshaus; William Bradford kümmerte sich stattdessen um die Arbeitseinteilung. Aber schon nach ein paar Tagen lag er ebenfalls im Fieberwahn und konnte seine Arbeit nicht mehr tun. Es wurden so viele krank, dass Kapitän Standish und Elder Brewster beim Kochen, Baden und Richten der Krankenbetten halfen. Tag und Nacht brannte im Gemeinschaftshaus ein Feuer, um die Kranken warm zu halten. Trotz größter Vorsicht fing dabei das Strohdach zweimal Feuer. Und obwohl sie sehr geschwächt waren, gelang es Master Carver und William Bradford, die anderen Kranken sowie das Schießpulver vor den Flammen in Sicherheit zu bringen. Glücklicherweise wurde dabei niemand getötet, jedoch viele Vorräte zerstört.

Bis dahin gab es noch keine Kontakte zu Indianern. Aber die Siedler wussten, dass sie in der Nähe waren: Als er zur Mittagspause ging, hatte Kapitän Standish einmal Werkzeug im Wald liegen gelassen. Als er später zurückkam, war es jedoch verschwunden.

Die Schwächsten starben zuerst. Man begrub sie bei Nacht auf dem Friedhofshügel, ohne ihr Grab mit einem Stein zu markieren. Lungenentzündung, Tuberkulose und Skorbut, die schlechte Ernährung sowie die andauernde Kälte forderten ihren Zoll. Einige kleine Gräber wurden für die Kinder, wie Ellen More und zwei ihrer Brüder, ausgehoben. Aber meist waren es hoffnungsvolle Männer und tüchtige Frauen, die die gefährliche Überfahrt überlebt hatten, nur um dann an der Küste der Neuen Welt ihr Leben zu lassen: Kapitän Standish's Frau, Mary Chiltons Eltern, die Eltern von Priscilla Mullin und ihr Bruder Joseph sowie William White, Vater von Resolved und Peregrine. Manchmal wurden in einer Nacht zwei oder drei gleichzeitig beerdigt.

Dass sie ihre Gräber nicht durch einen Stein markierten, hatte seinen guten Grund: Sie wollten nicht, dass die Indianer merkten, wie schwach und klein ihre Gemeinschaft in Wirklichkeit war …

Und dann kam die Nacht, in der sie John Tilley in ein

Laken gewickelt ins Ruderboot legten, um ihn heimlich zum Friedhofshügel zu bringen. Nur ein paar Nächte später folgte ihm seine Frau. Elisabeth war unendlich bekümmert und traurig, als die Ruderschläge immer leiser wurden und schließlich nicht mehr zu hören waren. Tränen brannten heiß in ihren Augen. Nun hatte sie keine Eltern mehr – sie war ganz allein.

Nein, nein! Das darf nicht sein!, schrie es in ihrem Herzen. *Wir wollten doch ganz von vorne beginnen, Vater, Mutter ... und ich.* Elisabeth kauerte sich am Fuß des Hauptmastes zusammen. In ihrem ganzen Leben hatte sie sich nie so einsam und verlassen gefühlt.

Sie wusste nicht, wie lange sie dort ängstlich und frierend gelegen hatte. Nach einiger Zeit, die ihr wie eine Ewigkeit vorgekommen war, kam das Boot zurück. Jemand hockte sich neben sie, und eine junge Frau sagte freundlich: »Miss? So können Sie hier nicht bleiben. Mrs Carver möchte, dass wir Sie mit ins Dorf nehmen. Sie können so lange bei ihr bleiben, bis es dem Gouverneur wieder besser geht.«

Müde hob Elisabeth den Kopf. Desire Minter, die Magd der Carvers, hatte ihren Arm um die Schulter des Mädchens gelegt. Hinter ihr stand John Howland und bot Elisabeth hilfreich seine Hand. Schweigend ließ sie sich von den beiden zum Boot führen, das bereits auf sie wartete.

Indianer!

Als sie mit dem Wassereimer in der Hand aus der Hütte trat, hörte Elisabeth das Zwitschern eines Vogels. Überrascht blieb sie stehen und lauschte. Dann bemerkte sie noch etwas: die wärmenden Strahlen der Sonne auf ihrer Haut.

Sollte es Frühling werden? Es waren die ersten Tage im März. Der Winter war grau und eisig gewesen mit Schneeregen und Graupelschauern. Die feuchte Kälte ging durch Mark und Bein. Aber heute nahm eine milde Brise dem Wind die Schärfe. Am strahlend blauen Himmel segelten kleine weiße Wolken, die wie Pusteblumen aussahen.

»Guten Tag, Elisabeth«, sagte eine freundliche Stimme. William Bradford kam langsam den Pfad vom Strand herauf und blieb vor dem Mädchen stehen. »Ist Gouverneur Carver zu sprechen?«

Elisabeth konnte ihm nicht in die Augen sehen! *Wenn er mich ansieht, wird er mein Geheimnis wissen!*, dachte sie mit einem Anflug von Panik. Aber sie zwang sich zu einem höflichen Nicken. »Master Carver ist noch etwas schwach, aber er ist auf. Entschuldigen Sie bitte, ich muss Wasser für Mrs Carver holen.« Eilig ging sie den Pfad zum Bach hinunter.

Verbittert stellte Elisabeth fest, dass sie von jedem nur noch mit ihrem Vornamen angesprochen wurde, wie ein Diener! Eine Waise redete man wohl nicht mit Miss an …

Als sie mit dem Wasser zurückkam, saßen Master Carver und William Bradford vor der Hütte, vertieft in ein Gespräch. »Der Boden ist nicht stark gefroren. Wenn das Wetter weiter so mild bleibt, können wir in wenigen Tagen mit der Aussaat beginnen«, meinte Bradford.

Carver nickte bedächtig: »Gut, sehr gut. Unsere Leute müssen diesen schrecklichen Winter möglichst bald hinter sich lassen …« Er konnte nicht weiter sprechen. Voll Trauer schüttelte er den Kopf: »Die Hälfte von uns – ausgelöscht, noch ehe wir begonnen haben.«

»Ja«, erwiderte Bradford ernst. »Und es ringen immer noch welche mit dem Tode wie die arme Frau von Ed Winslow.«

Elisabeth wollte sich die Ohren zuhalten. Sie wollte nicht von Toten hören! Mit Grauen erinnerte sie sich an ihre Eltern, die jetzt kalt in der Erde vom Friedhofshügel lagen. Wäre sie doch nur unsichtbar! Dann könnte sie zwischen den beiden Männern einfach hindurch schlüpfen.

Bradford seufzte schwer. »Ich weiß nicht! Manchmal denke ich, dass Dorothy …«

»Das darfst du nicht sagen!«, fiel Master Carver ihm ins Wort. »Es war ein tragischer Unfall. Ich mache mir heute noch Vorwürfe, dass ich keine Nachtwache aufstellen ließ.«

»Nein, nicht, John. Das hat nichts mit dir zu tun. Wenn jemand Schuld hat, dann ganz allein ich. Sie war einfach nicht stark genug. Ich hätte sie daheim bei unserem kleinen John lassen sollen. Aber … wenigstens musste sie so nicht an dieser fürchterlichen

Krankheit leiden, die so viele von den Frauen dahingerafft hat. Das hätte sie nicht durchstehen können.« Wieder seufzte er.

Elisabeth umklammerte den Griff des Wassereimers und zwang sich, an den Männern vorbei in die kleine Lehmhütte zu gehen. Ihr Herz klopfte zum Zerspringen. Sie wusste, dass die beiden einen Schuldigen für den Tod von Mrs Bradford suchten! Niemals durften sie erfahren, dass sie in der Nacht an Deck war und die junge Frau gesehen hatte, und dass sie keinen Alarm geschlagen hatte.

* * *

»Du träumst schon wieder, Henry Samson«, sagte Elisabeth streng. »Leg das Maiskorn einfach in das Loch – so – und dann bedeckt Humility es mit Erde. Sieh nur! Bartholomäus und Remember Allerton sind schon fast mit ihrer Reihe fertig.«

Henry hockte sich auf den Boden und umschlang seine Knie. »Ich muss immerzu an Onkel Edward und Tante Ann denken«, schluchzte er.

Ärgerlich bohrte Elisabeth ihren Pflanzstock, einen angespitzten Holzstab, in den Sand. »Meinst du, dass Bartholomäus und Remember ihre Mutter nicht vermissen? Aber wenn wir jetzt nicht den Mais in die Erde bekommen, werden wir *alle* sterben. Mach, dass du voran kommst!« Sie drehte ihm den Rücken zu und bohrte ein weiteres Loch in den Sand. Und noch eines und noch eines. Sie sollte nicht so hart mit ihrem Cousin sein. Aber wenn sie erst anfinge zu trösten, würde der Kummer auch sie selbst überwältigen und ihre Tränen vielleicht gar nicht mehr aufhören zu fließen.

Loch bohren, Korn hinein, zuschütten. Loch bohren, Korn hinein, zuschütten. Es tat gut, draußen an der frischen Luft zu sein und nicht in den kleinen, dunklen Hütten. Die Arbeit war leicht und die frische Erde roch angenehm süß. Aber wozu das alles? Elisabeth grübelte über ihr Schicksal nach. Keine Familie, kein Heim – nur drei Waisen in einem fremden Land, die auf die Gutmütigkeit von ein paar Fremden angewiesen waren. Die Zukunft sah düster aus. Gab es überhaupt eine Zukunft für sie?

Und jetzt war auch noch Mrs Carver krank geworden. Elisabeth war froh, dass sich Desire Minter um sie kümmerte. Sie konnte diese ständigen Krankheiten nicht mehr ertragen, verabscheute das raue Husten, die verschwitzte Bettwäsche und den traurigen, stumpfen Blick der Augen.

»Lisa«, sagte Humility plötzlich. »Warum bringen die Matrosen denn die großen Kanonen vom Schiff hierher?«

Elisabeth stand auf und hielt ihre Hand zum Schutz vor dem gleißenden Licht der Sonne und der glitzernden Wasserfläche der Bucht von Cape Cod über die Augen. Dort lag die *Mayflower* immer noch vor Anker. Die letzten kranken Passagiere konnten erst an Land gehen, wenn auch für sie Hütten errichtet waren – und wenn sie dann noch am Leben waren … Die Schaluppe wurde auf den steinigen Strand gezogen und zwei schwere Kanonen, die man *Minions* nannte, entladen. Dann rollte man sie auf ihren kleinen Rädern den Pfad zum Dorf hinauf.

»Sie bringen sie wahrscheinlich auf den Friedhofshügel«, sagte Elisabeth.

»Warum?«, wollte Humility wissen.

»Zum Schutz natürlich«, antwortete Elisabeth ungeduldig. Sie konnte sich allerdings nicht erklären vor wem oder was. Bis jetzt hatten sie noch keinen einzigen Indianer gesehen, und sollte jemals ein Schiff in die Bucht einlaufen, wäre das ein Grund zur Freude. Tag für Tag säten sie weiter auf den vorbereiteten Äckern des verlassenen Indianerdorfes: Bohnen, Erbsen, Weizen – und natürlich den Mais, den sie zu Anfang gefunden hatten. *Ich wundere mich nur, dass die Indianer uns noch nicht angegriffen haben, wo wir doch ihren Mais gestohlen haben,* dachte Elisabeth. Sie hatte ein ungutes Gefühl deswegen. Doch dann war sie trotzdem froh, als die ersten Felder mit Mais bestellt waren. Für den nächsten Winter hätten sie wohl genug Maismehl für Brot und Brei. Ach, wenn sie doch auch eine Kuh hätten! Dann gäbe es noch Milch und Butter dazu.

Elisabeth war nicht die Einzige, die ein ungutes Gefühl wegen der Indianer hatte. Man wusste, dass sie da waren. Manchmal sah man einen aus der Ferne oder fand ihre Spuren im Wald. Ein offener Angriff wäre allen lieber gewesen als die unheimliche Stille …

Eines Tages, Mitte März, nach dem Mittagessen – es gab Käse, gekochten Fisch und Bohnen – rief Gouverneur Carver alle zwanzig Männer, die die Krankheit überlebt hatten, zusammen. Es ging um einen Plan zum Schutz der kleinen Siedlung. Elisabeth bemerkte, dass John Howland, der Leibeigene der Carvers, auch mit in das Gemeinschaftshaus ging. Doch dann wandte sie sich wieder ihrer Arbeit zu. Mit Priscilla Mullins wusch sie die Holzteller ab und achtete auf das Feuer der Kochstelle. Standesunterschiede hatten keine große Bedeutung mehr, waren doch nur noch zehn Frauen – die älteren Mädchen wie Elisabeth eingerechnet – am Leben. Jeder war wichtig und wurde gebraucht, um die Kolonie aufzubauen.

Das erste richtige Haus aus rohen Holzbrettern war im Bau. Elisabeth hatte gerade die kleineren Kinder in den Wald geschickt, um Baumrinde für das Feuer zu suchen, als ein Fremder die »Straße« des Dorfes entlangschritt. Ihre grünen Augen weiteten sich! Sein Körper war lang und sehnig, die Haut glänzte goldbraun in der Sonne. Sein langes, schwarzes Haar fiel bis über die Schultern, nur um das Gesicht herum war es kurz geschnitten. Er trug lederne Beinkleider und einen Lendenschurz. Seine Waffe war ein langer Bogen und einige Pfeile, die er in einem Köcher bei sich trug.

In dem Moment hatten auch die Kinder den Mann gesehen und liefen schreiend davon. Aber er ignorierte sie einfach und ging geradewegs zur Tür des Gemeinschaftshauses. Sofort hörte sie laute Stimmen aus dem Inneren, aber dann sagte der Mann mit lauter und klarer Stimme: »Willkommen, Engländer! Mein Name ist Samoset.«

* * *

Die Ankunft von Samoset, der so kühn in das Gemeinschaftshaus trat und zum Zeichen der Freundschaft seine Hand hob, versetzte alle in helle Aufregung. Er war ein Sagamore, ein Unterhäuptling eines

Indianerstammes fünf Tagesmärsche weiter nördlich. Von den Seefahrern, die in der Vergangenheit an der Küste gelandet waren, hatte er etwas Englisch gelernt und konnte so zwischen seinen Leuten und den weißen Händlern und Fischern übersetzen. Aber die Engländer, die hier in Plymouth gelandet waren, hatten Hütten gebaut und Felder bestellt; es sah aus, als ob sie bleiben wollten. Deshalb hatte ihn sein Stamm geschickt, um nach ihren Absichten zu fragen.

Gouverneur Carver, Bradford und Brewster waren sehr erfreut! Die Separatisten versicherten dem freundlichen Indianer, dass sie in Frieden mit ihren indianischen Nachbarn leben wollten. Kapitän Standish stand mit finsterem Blick etwas abseits. Er traute den Indianern nicht. Nur weil dieser Wilde ein paar Wörter Englisch sprach, würde er nicht die Wachen wegschicken.

Edward Winslow wollte jedoch unbedingt mehr über ihren Gast erfahren. Bei der ersten Gelegenheit hockte er zusammen mit dem stolzen Sagamore auf dem Boden und versuchte, ein paar Wörter seiner Stammessprache zu erlernen.

»Samoset sagt, dass diese Lichtung früher ein Dorf der Patuxet-Indianer war«, berichtete Winslow später Gouverneur Carver. »Aber alle Bewohner sind an einer schlimmen Seuche gestorben.«

»Hmm«, sagte Carver nachdenklich. »Wahrscheinlich die Pocken. Sie haben sich wohl bei den Seeleuten aus Europa angesteckt.«

Elisabeth bekam eine Gänsehaut. Sie saß im Halbdunkel einer Ecke der Hütte und stopfte Humilitys zerrissenen Unterrock, als sie das Gespräch mit an-

hörte. *Vielleicht hätten sie sich doch besser nicht hier niederlassen sollen. Würde diese Lichtung immer eine Stätte
des Todes sein?*

»Er sagt, dass der Sachem oder Häuptling der Wampanoags Massasoit heißt und etwa sechzig Kilometer
südwestlich von hier lebt. Ihn müssen wir von unseren friedlichen Absichten überzeugen.«

Carver nickte. »Sag Samoset, dass ich gerne mit dem
großen Häuptling Massasoit reden möchte.«

Zwei Tage später kam Samoset mit fünf Wampa-
noag-Männern ins Dorf. Sie trugen Beinkleider und
Mokassins aus Hirschleder und brachten den Siedlern das Werkzeug zurück, das im Wald »verschwunden« war. Kapitän Standish war erstaunt; widerwil-
lig zollte er den Indianern Respekt. Sie brachten auch
Biberfelle, mit denen sie handeln wollten. Es war jedoch gerade Sonntag, sodass Gouverneur Carver den
Kopf schüttelte und ihnen erklärte, dass sie mit dem
Handeln bis zum nächsten Tag warten müssten.

Zwei Tage vergingen, dann erschien Samoset erneut
und teilte ihnen mit, dass Häuptling Massasoit und
seine Leute bereits auf dem Weg nach Plymouth waren. Verunsichert blickten sich die Siedler an. War es
eine friedliche Delegation – oder eine Armee? Sie hatten fast nicht bemerkt, dass Samoset von einem weiteren Indianer begleitet wurde, einem großen Mann
mit ausgeprägter Nase und auffallendem Mund. Außer einem dicken Zopf auf dem Kopf war sein Schä-
del kahl geschoren. Um den Hals trug er eine Kette
aus Bärenkrallen.

»Ich bin Tisquantum«, erklärte der Mann auf Englisch. »Die Engländer nennen mich Squanto. Ich war

auf der anderen Seite des Meeres in eurem Land, England, und ich glaube an euren Gott.« Ein erstauntes Murmeln ging durch die kleine Schar der Engländer. Tisquantum fuhr mit ausgestrecktem Arm über die Lichtung. »Dieses Land gehörte meinem Volk, den Patuxet. Als ich von der langen Reise über das Meer zurückkehrte, waren alle tot und das Dorf existierte nicht mehr. Die Wampanoag nahmen mich dann als einen Sohn auf. Aber nun entsteht ein neues Dorf auf den Gebeinen meines Volkes. Ich bin gekommen, um hier zu bleiben.« Darauf setzte er sich auf den Boden, um deutlich zu zeigen, was er meinte. John Billington und Stephen Hopkins wechselten finstere Blicke und griffen nach ihren Musketen. Kapitän Standish sah verärgert aus. Aber William Bradford und Eward Winslow setzten sich zu dem Indianer auf die Erde. »Erzähl uns von deiner Reise in unser Land«, forderte Bradford ihn auf.

Unwillkürlich rückten die Siedler näher zu dem neuen Besucher hin. Elisabeth blickte Henry und Humility streng an, was bedeuten sollte, dass die Kinder still sein sollten. Sie wollte die Geschichte unbedingt hören.

Ruhig begann Squanto seinen Bericht. 1605 wurde Squanto zusammen mit vier weiteren Indianern von englischen Entdeckern gefangen und nach England gebracht. Als Ureinwohner des Landes, das die Engländer ›New England‹ genannt hatten, kannten sie sich mit dem Wetter, den Feldfrüchten und Flüssen dort gut aus. Aber diese Informationen hatten für die Engländer keinen großen Wert. Erst 1614 kehrte er unter Kapitän John Smith in seine Heimat zurück. Dann meinte ein anderer Kapitän, Thomas Hunt, jedoch, dass man mit Sklaven wesentlich mehr Gewinn machen könne als mit Fisch und Fellen. Er fing Squanto und noch neunzehn weitere Patuxet-Indianer und verkaufte sie in Spanien. Squanto hatte Glück und fiel in die Hände wohlmeinender Menschen. Damals wurde er Christ. Später schlug er sich dann bis nach England durch, wo er 1619 erneut in Richtung Heimat in See stach. Sein Schmerz war groß, als er sein Dorf verlassen und alle Bewohner tot vorgefunden hatte. Heimatlos und ohne seinen Stamm hatte er die letzten zwei Jahre bei den Wampanoags gelebt.

»Es ist gut, wieder zu Hause zu sein«, sagte Squanto, wobei er seinen Blick zufrieden über die Lichtung schweifen ließ. »Aber so, wie ihr gepflanzt habt, werdet ihr eine schlechte Ernte einfahren. Squanto wird euch zeigen, wie es besser geht.«

»Diese Kolonie *braucht* die Hilfe eines indianischen Heiden nicht«, fauchte Kapitän Standish, grimmiger denn je nach dem Tod seiner Frau.

»Heide?«, sagte Bradford amüsiert. »Ich dachte, er sei zum Christentum konvertiert.«

»Ääh …«, stotterte Standish. »Diese … diese Kreatur will doch nichts anderes als eine kostenlose Mahlzeit. Massasoit, nun – er ist derjenige, mit dem wir verhandeln müssen.«

»Das ist sicher richtig«, sagte Bradford. »Aber ich für meinen Teil habe nichts dagegen, wenn Squanto bei uns lebt. Das Land, auf dem wir stehen, war seine Heimat – und wir brauchen Freunde.«

* * *

Elisabeth hielt den Atem an. Auf der anderen Seite des Baches sah sie fünfzig oder sechzig Indianer zwischen den Bäumen hervorkommen und am Ufer stehen bleiben. Alle Männer waren mit Messer, Pfeil und Bogen bewaffnet.

Die Siedler hatten sich sorgfältig auf dieses wichtige Treffen mit Häuptling Massasoit vorbereitet. Weiche Kissen und sogar ein Teppich lagen auf dem Boden eines neu errichteten Hauses. Um angemessen und mit Würde erscheinen zu können, wartete Gouverneur Carver im Hintergrund, wo man ihn nicht sehen konnte.

Edward Winslow, Kapitän Standish und eine kleine Armee mit Helmen, Armbrüsten und Schwertern durchquerten spritzend den kleinen Fluss. Die anderen Siedler beobachteten das Geschehen aus sicherer Entfernung. Schließlich schritt ein großer, muskulöser Indianer, der in der Blüte seines Lebens stand, durch das Wasser auf die Siedler zu. Er hatte sein Gesicht mit Rot bemalt und trug ein Hirschfell über der Schulter. Ihm folgten zwanzig der mutigsten Krieger, die jedoch ihre Waffen zurückgelassen hatten. Die Indianer überragten Kapitän Standish um einiges; dieser machte eine Schau daraus, den Häuptling mit seiner kleinen Armee zu eskortieren.

»Sie haben Winslow als Geisel behalten«, raunte Kapitän Standish den wartenden Siedlern zu.

Dann verschwanden Häuptling Massasoit, Gouverneur Carver, begleitet von Samoset und Squanto als Übersetzer, zusammen mit so vielen indianischen Kriegern und Engländern, wie eben in das halb fertige Holzhaus hineinpassten und schlossen die Tür hinter sich.

Das Treffen dauerte sehr lange. Als schließlich der Häuptling und der Gouverneur heraus kamen, schüttelten sie sich die Hände. Dann wateten die Indianer ohne ein Wort zu sagen durch den kleinen Fluss und verschwanden zwischen den Bäumen. Danach kam Edward Winslow zurück, unverletzt und sehr aufgeregt, weil er wieder einige neue Wörter von Massasoits Männern dazugelernt hatte.

»Liebe Leute«, sagte Gouverneur Carver zu den Siedlern, die sich um ihn versammelt hatten. »Heute hat Plymouth einen Friedensvertrag mit unseren indianischen Nachbarn geschlossen. Ich bin überzeugt, dass Massasoit Frieden will und ein Mann ist, der zu seinem Wort steht. Wir sind übereingekommen, dass wir uns gegenseitig keinen Schaden zufügen wollen, uns im Falle eines Angriffs durch andere gegenseitig helfen wollen und dass jeder bestraft wird, der sich nicht an diesen Vertrag hält. Lasst uns Gott danken für diesen wichtigen Meilenstein in der kurzen Geschichte unserer Kolonie.«

Die Gläubigen knieten nieder, während die anderen Siedler respektvoll die Köpfe senkten. Doch Kapitän Standish murrte: »Friedensvertrag? Das ist ein militärisches Bündnis! Massasoit ist doch nicht dumm. Er will ein Bündnis mit unseren Gewehren und Kanonen, um seine Feinde, die Narragansetts, abzuschrecken. Er benutzt uns, so wie wir ihn benutzen.«

* * *

Einige Tage nach Abschluss des Friedensvertrages mit Häuptling Massasoit am 22. März bestand Gouverneur Carver auf Neuwahlen. »Ihr habt mich an Bord der *Mayflower* zum Gouverneur gewählt, weil wir geordnete Verhältnisse brauchten, ehe wir überhaupt einen Fuß auf festen Boden setzen konnten«, erklärte er den Siedlern. »Aber nun sind wir bereits einige Monate in der Neuen Welt. Allein durch Gottes Gnade haben einige von uns die schlimme Krankheitszeit während des Winters überlebt. Ein neues Jahr liegt vor uns. Da ist es nur gut und richtig, dass ihr jetzt wieder jemanden erwählt, der dieses Jahr Gouverneur sein soll.«

Elisabeth wusste, dass Carver hoffte, jemand anderes würde zum Gouverneur gewählt. Sie hatte gehört, wie er leise mit seiner kranken Frau darüber gesprochen hatte, nachdem die Kerzen in der Hütte zur Nacht ausgelöscht waren. Er fühlte sich oft müde und war wohl auch noch nicht wieder ganz von seiner Lungenentzündung genesen. Aber niemand war überrascht, als er einstimmig wiedergewählt wurde.

In dieser Nacht jedoch wurde Mrs Winslow zu Grabe getragen. Diesmal herrschte keine Furcht mehr vor den Indianern, sodass alle Siedler beim Friedhofshügel versammelt waren, während Elder Brewster einen Psalm vorlas. Elisabeth hatte einen Kloß im Hals, als man Erde auf ihren Sarg warf. Würde das Sterben denn niemals aufhören?

Edward Winslow und William Bradford gingen zusammen vor ihr den Hügel hinab. »Ich bin froh, dass es vorbei ist«, hörte sie Winslow traurig sagen. »Ich hätte ihr Leiden nicht länger mit ansehen können. Leider haben wir keine eigenen Kinder. Nur unser Pflegekind, die kleine Ellen More. Aber sie ist ja auch schon gestorben. Ich beneide dich, William. Du hast wenigstens noch deinen Sohn John.«

William Bradford sagte einige Minuten nichts. Dann: »Vielleicht, Edward. Aber wie sage ich dem kleinen Kerl, dass seine Mutter, der er letzten Sommer so tapfer nachgewunken hat, nie mehr zurückkommen wird?«

* * *

Schließlich hatten auch die letzten Passagiere die *Mayflower* verlassen. Mit frisch geräucherten Aalen und Wildenten versorgt, lichtete Kapitän Jones am

5. April den Anker und segelte zurück nach England.

Elisabeth beobachtete, wie sich die quadratischen Segel im Wind bauschten. Plötzlich überkam sie ein Gefühl der Panik. Die *Mayflower* segelte davon. Nun waren sie wirklich allein!

Aber sie gehörte hier nicht hin! Wenn Mama und Vater noch am Leben wären – das wäre etwas anderes. Aber so? Sie war völlig allein unter einer Gruppe Puritaner, die sie nicht verstand, und die einzigen Nachbarn waren halb nackte Indianer, die ihre Gesichter bemalten und eine fremde Sprache hatten.

Was wäre, wenn sie zurück nach England ginge? Immerhin hatte sie noch zwei verheiratete Schwestern. Eine von beiden würde sie sicherlich aufnehmen. Aber jetzt war es zu spät!

Die Segel der *Mayflower* wurden immer kleiner am Horizont. Plötzlich hatte Elisabeth nur den einen Wunsch, wegzulaufen. Sie wollte nicht hier in Plymouth bleiben! Aber wohin sollte sie laufen? Wald, Himmel und Meer umgaben sie, so weit das Auge reichte. Trotz der Weite, die sie umgab, fühlte sie sich gefangen.

Mit Tränen in den Augen rannte Elisabeth in Richtung der halb bestellten Felder. Sie wusste nicht wohin, nur dass sie weglaufen wollte. Aber während sie blind vor Tränen den Weg zum Bach hinunter rannte, meinte sie jemanden um Hilfe rufen zu hören.

»Helft mir«, keuchte eine schwache Stimme.

Aufgeregt sah sie umher. Da! Am Rand der Felder, nur ein kleines Stück von ihr entfernt, sah Elisabeth eine zusammengekrümmte Gestalt am Boden liegen. Hastig wischte sie sich die Tränen aus den Augen, lief zu der Stelle und kniete neben dem Mann auf dem Boden.

»Master Carver«, rief sie entsetzt. »Was ist passiert?«

»… ganz durcheinander … Kopfschmerzen …«, sagte er schwach. »Hol … Bradford. Muss ihm etwas sagen.«

Augenblicklich hatte Elisabeth ihre eigenen Sorgen vergessen. So schnell sie ihre Füße trugen, eilte sie zu den Hütten und halb fertigen Häusern des Dorfes. »Master Bradford!«, schrie sie. »Kommen Sie schnell!«

Zeit der Hoffnung

Gouverneur Carver und seine Frau wurden innerhalb weniger Tage beide zu Grabe getragen. Wahrscheinlich ein Schlaganfall, meinte Doktor Fuller. Und seine Frau war zu geschwächt, um den Schock zu verkraften. Elisabeth wollte nicht zu den Beerdigungen gehen. Aber sie fürchtete, dass die Leute sie für wenig respektvoll halten könnten, nachdem sie doch über zwei Monate lang ein Mitglied des Carver-Haushaltes gewesen war. Als die Erde in das Grab geschaufelt wurde, blickte sie aufs Meer hinaus und versuchte, nicht daran zu denken, dass sie nun wieder ohne ›Familie‹ war.

Die Separatisten hielten keine Totenmessen. Wo es möglich war, distanzierten sie sich vom religiösen Pomp und den Zeremonien der Kirche von England. Meist las Elder Brewster einen Psalm über Gott, der Anfang und Ende eines jeden Menschen kannte. Auf Carvers Beerdigung stellten sich jedoch alle Männer in einer Reihe auf und feuerten eine Salve aus den Gewehren zu Ehren des ersten Gouverneurs von Plymouth.

Etwas abseits standen Squanto und Samoset und beobachteten die Zeremonie. William Bradford und Edward Winslow, die die Sorge auf ihren Gesichtern bemerkt hatten, gesellten sich zu ihnen. »Der Vertrag, den Gouverneur Carver mit Häuptling Samoset geschlossen hat, gilt für uns alle«, versicherte Bradford den Indianern. »Wir werden uns auch weiterhin daran halten, auch wenn Gouverneur Carver nun so unerwartet von uns genommen wurde.«

»Wir werden noch heute zusammenkommen, um einen neuen Gouverneur zu wählen«, fügte Winslow hinzu.

Jeder durfte am Treffen im Gemeinschaftshaus teilnehmen, obwohl einige draußen vor der Tür standen oder in den geöffneten Fenstern lehnten, um der Beratung zu folgen. Die freien Männer der Kolonie brauchten nicht sehr lange: schnell stand fest, dass William Bradford neuer Gouverneur sein sollte, und Isaac Allerton sein Stellvertreter.

Draußen vor der Tür stand Elisabeth mit Humility an der Hand. Sie sah, wie Squanto zustimmend nickte. Seit er in Plymouth angekommen war, fühlte sich der Indianer mit dem versteinerten Gesichtsausdruck zu Bradford hingezogen – vielleicht, weil dieser seinen Wunsch, bei den Kolonisten zu bleiben, unterstützt hatte. Oder vielleicht spürte er auch, was sogar Elisabeth bemerkt hatte: Obwohl William Bradford zwanzig Jahre jünger als Carver war, strahlte er eine stille Autorität aus. Elisabeth erinnerte sich, wie er an dem Tag, als die *Mayflower* England verlassen hatte, ruhig mit diesem schrecklichen Thomas Weston gesprochen hatte … und wie er jede Familie ermutigt hatte, an Deck zu kommen und ihre steifen Glieder zu bewegen, nachdem sie wegen der stürmischen See tagelang ihre Kabinen nicht verlassen konnten … und wie er das Überleben der Siedler in der ersten schlimmen Zeit gesichert hatte, indem er alles Nötige veranlasst hatte. Ja, Bradford würde ein guter Gouverneur sein.

Bradfords Stimme aus dem Inneren des Hauses riss sie aus ihren Gedanken. »Liebe Leute, ich danke euch für euer Vertrauen. Mit Gottes Hilfe werde ich euch dieses Jahr als Gouverneur dienen und mein Bestes geben. Nach allem, was wir in der letzten Zeit erlebt haben, lasst uns unserem Schöpfer danken, dass ER uns in dieses gute Land geführt und uns Freunde unter den Indianern geschenkt hat.«

»Hört, hört!«, tönte es aus der Versammlung, als Bradford fortfuhr: »Als euer neuer Gouverneur habe ich ein Anliegen, dass sofort erledigt werden muss – auf ausdrücklichen Wunsch unseres verstorbenen Gouverneurs, Master Carver.«

Elisabeth spitzte ihre Ohren. Carver hatte sie zu Bradford geschickt, als er im Sterben lag. Was hatte er ihm sagen wollen?

»Bevor er starb, ließ mich Master Carver wissen, dass es sein Wunsch sei, John Howland als einen freien Mann aus seinem Dienst zu entlassen. Und …«

Was der neue Gouverneur weiter sagen wollte, ging in Glückwünschen und Gratulationen unter, als sich alle Augen auf den hochgewachsenen John Howland richteten, der sogleich bis zu den Haarwurzeln errötete.

»Der Gouverneur ist noch nicht fertig!«, rief Isaac Allerton kraft seines neuen Amtes.

Als es wieder ruhiger wurde, fuhr Bradford fort: »Wie wir alle wissen, hatten John und Catherine Carver keine eigenen Kinder. Darum ist es der Wunsch des Verstorbenen, dass sein gesamter Besitz dem Manne zufällt, den er als seinen Sohn betrachtet hat.«

Diesmal war erstauntes Murmeln zu vernehmen. John Billington bemerkte das ungläubige Staunen in den Gesichtern der Anwesenden, vermischt mit – war es Neid? Master Carver war ein wohlhabender Mann gewesen, daheim in England. Auch wenn das alles hier in der Neuen Welt nicht zählte, wo jeder hart arbeitete, um das Überleben der Kolonie zu sichern und die Schulden an die Merchand Adventurers zurückzuzahlen. Trotz allem war es höchst ungewöhnlich für einen Diener, den Besitz seines Herrn zu übernehmen.

»John Howland«, sprach Bradford weiter. »Als Gouverneur von Plymouth und treuer Gefolgsmann König James' erkläre ich dich hiermit zu einem freien Mann und alleinigem Erben des Besitzes von John Carver.«

Elisabeth verspürte ein seltsames Kribbeln im Nacken, dort, wo ihre widerspenstigen roten Locken immerzu unter ihrer Haube hervorlugten. Desire Minter, die plattgesichtige Magd der Carvers, blickte zu dem glücklichen John Howland. Hinter Desire versuchte Mary Chilton die drei mutterlosen Kinder von Isaac Allerton zu bändigen. Elisabeth erinnerte sich, wie sie und Mary sich an Bord der *Mayflower* oftmals über John Howland lustig gemacht hatten – sie, Töchter freier Männer, und er, ein Leibeigener, der immerzu rot wurde. Die Kälte des Winters, Hunger und das schreckliche Sterben ließ ihren Spott verstummen. Aber das …

Humility wand ihre Hand aus Elisabeths Umklammerung und lief davon, um mit den anderen Kindern zu spielen. Elisabeth blieb zurück – in ihrem

Kopf drehte sich alles. Jetzt war er *Master* Howland, Erbe der Carver'schen Besitztümer. Und sie, Elisabeth Tilley, war lediglich ein weiteres Waisenkind im Haushalt der Carvers. Oder war es jetzt der Haushalt von Howland?

Plötzlich war Elisabeth danach, laut zu lachen – und gleichzeitig zu weinen. Wie oft sollte ihr Leben denn noch völlig umgewälzt werden?

Es wurde beschlossen, Elisabeth, Humility und Henry unter den Schutz von Elder Brewster und seiner Frau zu stellen. Auch wenn John Howland der Erbe von Master Carver war, so verstieß es gegen die Regeln der Puritaner, ein junges, unverheiratetes Mädchen in seinem Haushalt zu belassen. Außerdem lebte er sowieso mit den anderen alleinstehenden Männern zusammen, da es noch nicht genug Hütten für alle gab.

Henry war hoch erfreut über den Umzug. Love und Wrestling Brewster und Richard More – das Einzige der More-Kinder, das die schlimme Krankheitszeit überlebt hatte – folgten ihm wie ihrem großen Bruder. »Ich kann heute kein Feuerholz sammeln, Lisa«, meinte er, bald nachdem die Brewsters in eines der neuen Holzhäuser eingezogen waren. »Alle Jungen müssen zum Strand und Heringe sammeln.«

»Heringe! Was ist das jetzt wieder für ein Blödsinn?«, schnaubte Elisabeth. Die kleinen toten Fische lagen überall am Strand und stanken fürchterlich.

»Wirklich, Cousine!«, rechtfertigte sich Henry. »Squanto will uns zeigen, wie man mehr Mais ernten

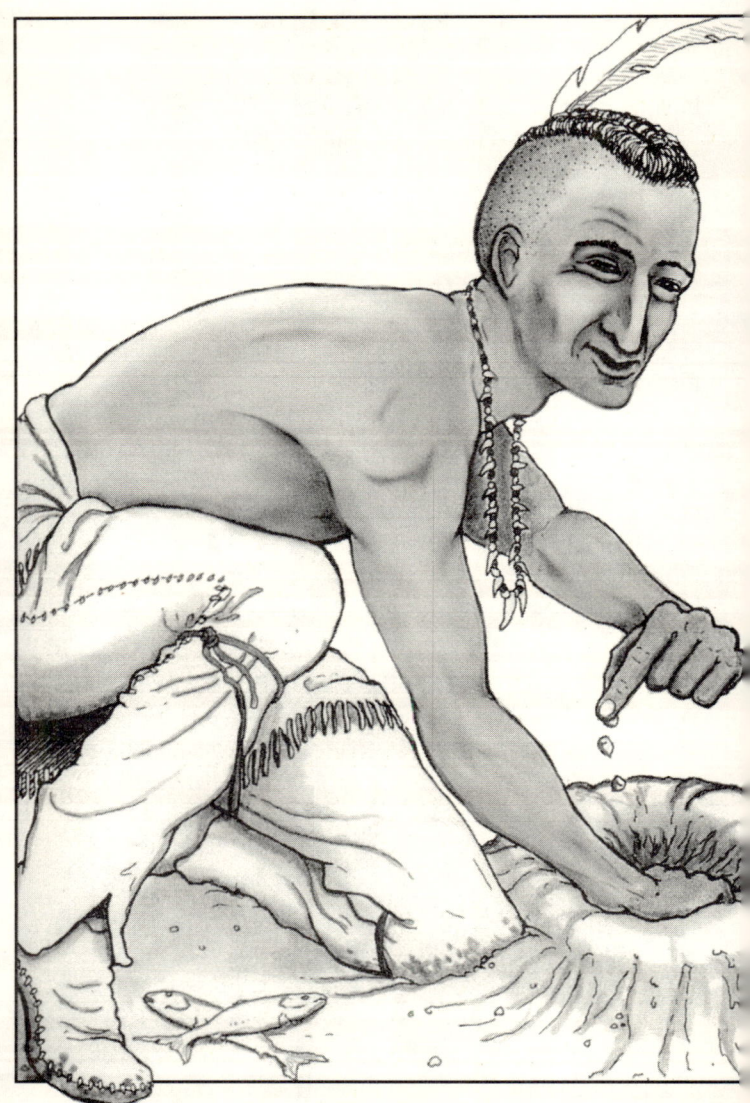

kann. Er braucht alle Heringe, die wir finden können. Wir bringen sie ihm aufs Feld hinaus.«

Elisabeth wollte sich mit eigenen Augen überzeugen. Als die Jungen ausschwärmten, um den steinigen Strand nach den kleinen toten Fischen abzusuchen, nahm sie einen Wassereimer als Entschuldigung und machte sich auf den Weg zum Fluss, wobei sie an den Feldern vorbei kam. »Ah, da kommt das Sommersprossengesicht«, neckte Johnny Billington, der mit seinem Bruder Francis mit Steinen nach Möwen warf. Die Billington-Jungen fühlten sich nicht angesprochen, als es hieß: »alle Jungen« sammeln Heringe.

Elisabeth drehte sich nach ihnen um und rief: »Macht mal etwas Sinnvolles! Geht in den Wald und verlauft euch!« Im Weitergehen blickte sie sich schuldbewusst um. Hoffentlich hatte sie keiner der Separatisten gehört, sonst würde sie dafür nächsten Sonntag in der Versammlung gerügt werden.

An den Maisfeldern angekommen, sah Elisabeth erstaunt, wie Squanto etwas Sand anhäufte, drei Maiskörner darein legte und anschließend die Heringe sternförmig anordnete, sodass ihre Köpfe in die Mitte zeigten. Nachdem er Fische und Körner mit Sand bedeckt hatte, wandte er sich dem nächsten Maishäuflein zu. Gouverneur Bradford, Edward Winslow und einige andere taten es ihm gleich, obwohl der dunkelhäutige Indianer so schnell arbeitete, dass er die anderen weit hinter sich zurückließ.

»Guten Tag, Elisabeth«, rief Gouverneur Bradford ihr freundlich zu, als er sich aufrichtete. »Du kommst gerade recht mit deinem Eimer. Würdest du uns wohl etwas Wasser aus dem Fluss holen? Mit Squanto mitzuhalten, hat uns alle ziemlich durstig gemacht.«

Die anderen Männer lachten fröhlich und stimmten dem zu, um dann sogleich wieder an ihre Arbeit zu gehen. Elisabeth wurde rot, weil man sie bemerkt hatte. Aber sie war trotzdem froh, nun einen echten Grund zum Wasserholen zu haben.

Mit Squantos Hilfe pflanzten die Siedler in diesem Frühling zwanzig Morgen Mais, Bohnen, Erbsen und Weizen auf den Feldern, die vormals den Indianern gehört hatten. Als es wärmer wurde, begann man eifrig mit dem Bau fester Häuser: ein Gerüst aus Balken wurde mit roh behauenen Brettern umgeben; nachdem die Dachbalken befestigt waren, wurde das Haus mit Reet eingedeckt.

Von den ursprünglich achtzehn Ehepaaren, die mit der *Mayflower* gereist waren, blieben jetzt nur noch drei. In neun Familien starben beide Ehepartner an den Folgen von Krankheit, die Übrigen blieben verwitwet zurück. Aber die Gründung neuer Familien war für die Siedler nicht nur wünschenswert, sondern überlebenswichtig. Daher überraschte es keinen, als Edward Winslow und Susanna White, die beide vor wenigen Monaten ihre Ehepartner verloren hatten, ihre Verlobung bekannt gaben.

»Ach, so eine gute Verbindung«, gluckste Mrs Brewster, als man sich für die Hochzeitsfeier frisch gewaschene Kleidung anzog. Es war die zweite Maiwoche. Die einfache Zeremonie sollte im Gemeinschaftshaus stattfinden, das den Siedlern gleichzeitig auch als Lagerhaus diente. »Resolved und Peregrine, die beiden

Kleinen, brauchen einen Vater. Und Edward Winslow ist ein Mann der Tat.«

»Aber wer soll sie trauen?«, fragte Elisabeth, die schnell noch Humilitys braunes Haar bürstete, um es dann unter der Haube hochzustecken. »Wir haben doch keinen Pfarrer hier in Plymouth. Nur Elder Brewster.« Sie warf einen Blick auf den Hausherrn, der gerade im schwachen Licht, das durch die Fenster aus geöltem Papier fiel, ein Buch las.

»Du hast recht, mein Mädchen«, begann er. »Wir beten alle, dass unser guter Pastor aus Holland bald zu uns kommen kann – und mit ihm einige unserer Glaubensgeschwister. Aber das betrifft ja nicht die Hochzeit. Hier ist es nicht wie in England, wo Kirche und Staat sich gegenseitig in die Töpfe gucken – noch schlimmer: wo man Kirche und Staat nicht auseinanderhalten kann! Hier müssen wir die Angelegenheiten der Kirche und des Staates streng getrennt halten. Die Heirat ist ein ziviler Akt. Daher wird der Gouverneur die Trauung vollziehen. Oh, wo wir gerade von Bradford sprechen«, wandte er sich zu seiner Frau. »Ich habe vorgeschlagen, dass er bei uns wohnen soll. Es kann nicht sein, dass unser Gouverneur zusammen mit den alleinstehenden Männern in einer Hütte haust wie ein einfacher Reisender.«

Elisabeth wurde bleich. Nein! Sie hatte ihr Geheimnis tief in sich vergraben, wo es ihr keine Vorwürfe mehr ins Ohr flüstern konnte. Sie wollte vergessen! Um nichts in der Welt wollte sie mit dem Mann unter einem Dach leben, der sie Tag für Tag an die kalte Winternacht auf der *Mayflower* erinnern würde. Jetzt wollte sie am liebsten nicht mehr zur Trauung gehen.

Wie konnte Bradford einen Mann und eine Frau in die Ehe führen, ohne dabei seine alten Wunden aufzureißen? Nein, sie wollte den Schmerz in seinen Augen nicht sehen!

* * *

Neben seiner Heirat und seiner neuen Rolle als Stiefvater von Susannas kleinen Jungen, wurde Edward Winslow einige Male in Begleitung von Squanto zu Häuptling Massasoit gesandt. Wegen seiner offenen, freundlichen Art war Winslow dazu berufen, Botschafter von Plymouth zu sein.

Im Gegenzug sandte Massasoit einen seiner besten Krieger, einen *Pinence* namens Hobomok, zu den Siedlern, um unter ihnen zu leben. Wie Massasoit war auch Hobomok ein großer Mann mit königlicher Ausstrahlung. Er kam mit seiner Frau und einigen Kindern und baute eine Hütte aus Zweigen, Rinde und Tierhäuten im Wald nahe der kleinen Siedlung Plymouth, deren halb fertige Häuser in strenger Linie auf der Lichtung standen.

»Ich glaube, Squanto ist eifersüchtig auf Hobomok«, meinte Elder Brewster eines Tages zu Bradford, als sie zusammen mit Mrs Brewster in der ›Stube‹ des Holzhauses zum Essen versammelt saßen. »Seit der Pinence hier ist, sieht sein Gesicht wie ›sieben Tage Regenwetter‹ aus.«

Elisabeth trug einen großen Topf mit Bohnensuppe auf den Tisch. Dazu gab es kleine Brötchen, die aus je einem Drittel Weizen-, Roggen- und Maismehl gebacken wurden. Dann goss sie noch leichtes Bier in die Becher. Die fünf Kinder standen um den Tisch herum und tunkten ihre Brötchen in den Suppentopf, während sie mit großen Augen dem Gespräch lauschten. Die Indianer waren faszinierend – besonders für die Jungen! Elisabeth versuchte so unauffällig wie möglich zu sein, wie immer, wenn Gouverneur Bradford in der Nähe war.

»Hast du das auch bemerkt?«, sagte Bradford mit einem Lächeln auf den Lippen. »Ehe Hobomok kam, war er der Sprecher von Massasoit. Ich für meinen Teil bin froh über die Anwesenheit von beiden. Wir können dankbar sein über jeden Freund, den wir unter den Indianern haben. Squanto hat sich als ein wertvoller Freund erwiesen. Ich denke, er vertraut mir, so wie ich ihm vertraue. Kapitän Standish scheint jedoch eher diesem Hobomok zu trauen; die beiden sind sich ähnlich. Sie passen gut zusammen.«

Plötzlich bemerkte Elisabeth draußen aufgeregtes Durcheinander. »Gouverneur! Gouverneur Bradford!«, schrie eine Frau mit hoher, schriller Stimme. Billingtons Frau stürzte durch die Tür, die wegen des warmen Sonnenscheins offen stand. »Ich bitte vielmals um Entschuldigung, Mrs Brewster … Elder Brewster«, keuchte sie. »Aber es ist wegen meinem Johnny. Heute Morgen ist er in den Wald gegangen, um Eichhörnchen zu fangen. Und er ist noch immer nicht zurück! Oh, meine Güte! Was ist, wenn diese Wilden …«

»Nun beruhigen Sie sich erstmal, liebe Frau«, meinte Bradford. »Es besteht doch kaum Grund zur Sorge. Schließlich ist es erst Mittag.«

Kräutermädchen

Bei Einbruch der Dunkelheit war Johnny Billington immer noch nicht zurückgekehrt. Auch der sofort eingesetzte Suchtrupp hatte keine Spur von dem Jungen gefunden. »Gouverneur«, meinte Kapitän Standish, als er seinen Bericht im Hause der Brewsters ablieferte. »Ich schlage vor, dass wir Hobomok zu Häuptling Massasoit schicken, damit er uns bei der weiteren Suche behilflich sein kann. Der Häuptling kennt alle Stämme in diesem Gebiet. Seine Männer werden bald herausgefunden haben, ob irgendwelche Indianer den Jungen verschleppt haben.«

In dieser Nacht lag Elisabeth zusammengerollt auf dem Strohlager, das sie mit Humility teilte, und konnte nicht schlafen. Die Stimme in ihrem Innern flüsterte unentwegt: *Du hast Johnny Billington gesagt, dass er sich im Wald verlaufen soll. – Aber das war doch gar nicht so gemeint!*, beruhigte sie sich selbst. *Aber er ärgert mich immer so furchtbar wegen meiner Sommersprossen.* Es dauerte sehr lange, ehe sie endlich einschlief.

Am nächsten Tag wurde wieder ein Suchtrupp los geschickt. Nervös erledigte Elisabeth ihre Arbeit und stahl sich dann heimlich davon. Die Brewsters waren  gut zu ihr, aber trotzdem fühlte sie sich oft wie ein Fremdling oder eine Dienstbotin. Sie *ge-*

hörte nicht wirklich zur Familie. Sie *gehörte* nicht einmal wirklich hierher nach Plymouth. Mit ihren vierzehn Jahren war sie fast eine erwachsene Frau. Aber sie war nur ein Niemand. Sie bedeutete niemandem mehr etwas. Vielleicht ... vielleicht war das die Strafe dafür, dass sie damals so gleichgültig über Mrs Bradford gedacht hatte – und jetzt Johnny Billington. Sie versuchte sich einzureden, dass es nicht ihre Schuld war, wenn der Junge sich im Wald verlaufen hatte, aber sie fühlte sich immer noch schuldig, weil sie es sich *gewünscht* hatte.

»Oh!«, sagte sie erstaunt. Sie hatte gar nicht bemerkt, in welche Richtung sie gelaufen war und stand nun plötzlich mitten in Hobomoks Lager. Hobomoks Frau saß unter einem Sonnenschutz – einer gewebten Matte, die zwischen vier Pfählen aufgehängt war – und arbeitete an einem kleinen Korb, den sie aus gedrehtem Reetgras herstellte.

Die Frau trug ein hirschledernes Gewand, das in der Taille zusammengebunden war, und eine Muschelkette. Ihr schwarzes Haar war vorne abgeschnitten, aber hinten fiel es lang über ihren Rücken. Sie sah zu Elisabeth auf und lächelte, wobei eine Reihe verfärbter Zähne sichtbar wurde. Mit einem Kopfnicken forderte sie Elisabeth auf, sich zu ihr zu setzen. Einige Kinder, die nur mit einem Lendenschurz bekleidet waren, standen um sie herum und starrten auf Elisabeths Sommersprossen und ihr rotes Haar, das wie immer unter ihrer Haube hervor schaute.

Aufmerksam sah das Mädchen zu, wie die Indianerin das Körbchen fertig machte. Wie leicht und nützlich so ein Korb wohl sein musste! Ganz anders als die schweren hölzernen oder metallenen Eimer und Körbe, die die Siedler benutzten. Ob sie es wohl lernen könnte, auch solche Körbe wie diesen da zu machen?

Als Hobomoks Frau ihre Arbeit beendet hatte, erhob sie sich und forderte Elisabeth lächelnd auf, ihr zu folgen. Die Kinder hüpften um sie herum, während sie in den Wald hineingingen. Die Frau stieg vorsichtig über Ranken, wilde Blumen und Büsche, die den Waldboden bedeckten, schnitt dabei mit einem Messer Blätter einer Farnart und legte sie in ihren Korb. Elisabeth bemerkte, dass die Pflanze eine zarte lila Blüte hatte. Hobomoks Frau sah Elisabeths neugierige Blicke; sie tat so, als ob sie sich mit dem Messer am Unterarm geschnitten hätte, jammerte und zeigte auf die farnartigen Blätter in ihrem Korb. Dann tat sie so, als ob sie eine Salbe auf den Unterarm streichen würde.

»Ah!«, lachte Elisabeth verstehend. »Du stellst aus der Pflanze eine Salbe her, die gut ist bei blutenden Wunden.« Dabei rieb sie sich auch ihren Unterarm zum Zeichen, dass sie begriffen hatte.

Hobomoks Frau grinste breit und nickte. Als Nächstes pflückte sie die Blätter einer Pflanze, die aussah wie Löwenzahn und begann zu husten. Die Kinder kicherten über die Schauspielerei ihrer Mutter.

Erfreut sah Elisabeth die nächste Pflanze: Kamille. Ihre zarten Blätter breiteten sich wie ein zarter Teppich über dem Boden aus. Sie hielt sich ihren Bauch und stöhnte, zeigte dann auf die Kamille, tat, als ob sie Tee trinke, und seufzte erleichtert. Die Indianerkinder lachten unterdessen vor Freude über diese ungewöhnliche Vorstellung.

Die nächste Pflanze war dem Mädchen fremd. Am Stängel wuchsen halblange Blätter, die sich leicht nach unten beugten. Hobomoks Frau legte ihren Kopf auf die Hände und schloss die Augen, als ob sie schliefe. Elisabeth grinste: ein Schlafmittel!

Zurück im Lager band Hobomoks Frau die Kräuter zu kleinen Sträußen zusammen und hängte sie kopfüber zum Trocknen auf. Auch Elisabeth bekam einige Sträuße ab, die sie mit nach Hause nehmen durfte. Dann zeigte sie auf sich selbst und sagte. »Nooma.«

Elisabeth war so aufgeregt, dass sie mit ihrer Beute den ganzen Weg zurück ins Dorf rannte. Mrs Brewster und Diakon Fuller saßen am Tisch und hatten ein ernstes Gespräch, als das Mädchen hereinstürmte.

»Seht mal, was ich ...«, rief sie freudig, aber Mrs Brewster sprang auf.

»Wo bist du gewesen, Elisabeth Tilley?«, schrie sie aufgebracht. Ihre Stimme klang halb ärgerlich und halb erleichtert. »Es wird bald Abend und ich wollte gerade einen Suchtrupp nach *dir* aussenden!«

Elisabeth stand der Mund vor Schreck offen. War sie so lange fort gewesen? »Ich ... ich wollte nur kurz raus, aber Hobomoks Frau, Nooma, hat mich mit in den Wald genommen und mir gezeigt, wo Heilkräuter gegen Husten, Wunden und Bauchschmerzen wachsen.« Sie zeigte ihre Kräutersträuße.

Aber Mrs Brewster nahm keine Notiz davon. »Schäm dich, Mädchen, deine Zeit mit den Heiden zu vertrödeln, anstatt deine Arbeiten zu erledigen. Es ist dir wohl egal, dass Johnny Billington verschwunden ist, alle Männer auf der Suche nach ihm sind und dass seine Mutter vor Sorge diese Nacht wohl kein Auge zutun wird! Und da spielst du im Wald. Jetzt aber los, wasch deine Hände und deck den Tisch!«

Mit hochrotem Kopf wandte sich Elisabeth ab, um Wasser aus einem Eimer, der auf einer Bank stand, in eine Schüssel zu gießen. Hinter sich hörte sie, wie Diakon Fuller sich räusperte und sagte: »Verzeihung,

Mrs Brewster, dürfte ich auch etwas dazu sagen?«
Man hörte, wie Stühle beiseite gerückt wurden und
sich die Schritte nach draußen entfernten.

Auf Zehenspitzen schlich sich Elisabeth zur Tür.
Diakon Fuller und Mrs Brewster standen an der
Hausecke. Sie musste sich sehr anstrengen, um zu
hören, was Fuller sagte.

»Ich kenne einige der Kräuter, die das Mädchen hat:
Schafgarbe, Nachtviole und Baldrian. Diese Kräuter
würden mir sehr nützlich sein, um meinen Vorrat an
Heilkräutern und Arzneien wieder aufzufüllen. Sie
verstehen sicher, dass es mir als Mann unmöglich
ist, zu Hobomoks Frau zu gehen und mich von ihr
in die Geheimnisse ihrer Heilkunst einweisen zu lassen. Aber wenn nun das Mädchen Interesse an Heilkräutern hat ...«

»Meine Güte, Diakon Fuller, denken Sie wirklich,
dass es eine gute Idee wäre?«, protestierte Mrs Brewster. »Ich will keinesfalls, dass das Mädchen eine indianische Kräuterhexe wird. Außerdem: was wäre
dann mit ihren anderen Aufgaben?«

Diakon Fuller blieb hartnäckig: »Ich bitte Sie, denken Sie nochmals darüber nach. Wir müssen von unseren indianischen Freunden lernen, wenn wir hier
in der Wildnis überleben wollen. Elisabeths Wissen
über ihre Heilkräuter könnte für uns alle von großem
Nutzen sein!«

* * *

Die Siedler hatten die Hoffnung schon fast aufgegeben, als endlich doch noch eine Nachricht von Massasoit kam: Seine Scouts hatten den Jungen entdeckt

– lebendig! Nachdem er einige Tage durch den Wald geirrt war und sich nur von Beeren ernährt hatte, stolperte Johnny schließlich in ein Indianerdorf am Anfang von Cape Cod. Von dort aus brachte man ihn weiter hoch zu einem Stamm der Nauset Indianer, nahe der Stelle, wo die *Mayflower* zum ersten Mal geankert hatte. »Das ist das Gebiet, wo wir den vergrabenen Mais der Indianer gefunden haben«, flüsterte Elder Brewster. »Meinst du, dass sie den Jungen aus Rache festhalten?«

»Ich weiß es nicht«, sagte Bradford grimmig und packte einen Sack mit Proviant für die Reise. »Aber wir haben uns und Gott geschworen, dass wir alles zurückerstatten würden, was wir genommen haben, um uns vor dem Verhungern zu retten. Eigentlich können wir es uns nicht erlauben, ehe die Ernte eingebracht ist. Aber wir müssen den Frieden erhalten.« Sie beluden die Schaluppe mit Körben voll Mais, den sie im Tauschhandel von den Wampanoags erhalten hatten, dazu noch Stoffe, Messer und Glasperlen als Geschenke. Dann hissten sie die Segel und fuhren mit Kapitän Standish, Hobomok, Squanto und einer kleinen Mannschaft an Bord los.

Erleichtert hörte Elisabeth, dass Johnny Billington noch am Leben war. Ihre Freude wuchs noch, als Mrs Brewster ihr erlaubte, zu Hobomoks Frau zu gehen, um von ihr mehr über die Heilpflanzen und ihre Wirkung zu lernen. Pflanzenkunde war wie ein Puzzle: zuerst musste man die Pflanze unter vielen anderen, die im Dickicht des Waldes wuchsen, finden, dann mit Hilfe von Noomas Zeichensprache ihre Wirkung und Verwendung erkennen; danach wurde sie zu Diakon Fuller gebracht, der ihren englischen Namen mit Hilfe eines Buches über Heilkräuter nachschlug. Jeden Tag gab es etwas Neues zu lernen: das Trocknen der Kräuter, die Zubereitung von Salben, Tees oder Extrakten und die Verwendung mancher Pflanzen zum Würzen von Fleisch und Gemüse.

Es gingen einige Wochen ins Land, ehe die Schaluppe mit Johnny Billington an Bord zurückkehrte. Henry und die anderen Jungen standen mit offenem Mund da, als Johnny aus der Schaluppe kletterte, von Kopf bis Fuß mit indianischem wampum geschmückt – Halsketten, Armbänder und Fußkettchen aus feinen weißen Muscheln. Er befreite sich aus der Umarmung seiner Mutter, die ihren Jungen endlich wiederhatte, und stolzierte den Hügel zum Dorf hinauf, dicht gefolgt von einer Schar junger Bewunderer, die ihn mit Fragen überschütteten.

Entsetzt blickte Elisabeth zu Mary Chilton hinüber: Wenn Johnny Billington vorher schon eine Qual war, so war er nun unerträglich!

Aber die Stunden mit Hobomoks Frau, die ihr alles über Heilpflanzen beibrachte, bargen für Elisabeth in diesem Sommer des Jahres 1621 viel Freude. Sie konnte nun irgendwo hingehen, wenn sie die Gesellschaft von William Bradford im Hause der Brewsters nicht mehr ertragen konnte. So brachte sie ihr Gewissen zum Schweigen und füllte ihre ruhelosen Gedanken mit etwas anderem. Und ›Doktor‹ Fullers Enthusiasmus über ihre neue Begabung führte dazu, dass sie sich besser vorkam als eine Küchenmagd oder ein Kindermädchen. »Diese Pflanze ist eine Art Lavendel«, freute er sich. »Du sagst, dass Nooma daraus einen Aufguss bei Schlangenbissen bereitet?« Oder er fragte ungläubig: »Du hast gesehen, wie Nooma einen Umschlag aus dem Brei von den Spitzen wilder Möhren und Honig machte, der die eitrige Wunde am Bein ihres kleinen Jungen heilte?«

Im Spätsommer holten die Siedler ihre Sicheln hervor und begannen ihre Felder abzuernten. Schon bald hatten sie alle Körbe und Säcke, die sie finden konnten, mit Maiskolben gefüllt, die auf den Feldern wuchsen, die sie mit Squantos Hilfe bepflanzt hatten. John Alden wurde beauftragt, neue Fässer zu machen. Die Ernte von Weizen und Erbsen fiel enttäuschend aus, aber bei den Bohnen sah es vielversprechend aus. Zusätzlich füllten Kürbisse, Mohrrüben, Zwiebeln, Kohlköpfe und Kartoffeln die Lagerhäuser. Der Schatten des Hungers, der während des Winter über der Kolonie lag, verschwand im Sonnenschein von Plymouths erster guter Ernte.

Als die ersten Blätter an den Bäumen sich golden und rot färbten, standen sieben feste Holzhäuser mit Reetdächern an der ›Hauptstraße‹ des Ortes, mit jeweils einem Wohnraum und einem Dachgeschoss. Dazu noch das Gemeinschaftshaus und drei Lagerhäuser. Auf Anordnung des Gouverneurs wurden Haushaltsvorstände eingesetzt: Elder Brewster, John Billington, Isaac Allerton, Edward Winslow, Francis Cook, Peter Browne und John Goodman. Die übrigen Familien, alleinstehende Männer und Frauen, Waisen und Leibeigene, wurden auf die sieben Haushalte verteilt, ohne zwischen Separatisten und Andersgläubigen zu unterscheiden.

»Die gute Frau Hopkins ist wütend, weil ihr Mann nicht als Haushaltsvorstand festgesetzt wurde«, bemerkte Mrs Brewster, als alle zum Essen versammelt waren. Auf dem Tisch stand eine große Schüssel Eintopf, der mit Majoran, Basilikum, Sauerampfer und Petersilie gewürzt war, die Elisabeth im Wald gesammelt hatte.

»Dann sollte sie daran denken, dass auch unser Gouverneur«, – und dabei blickte er William Bradford bedeutungsvoll an – »kein Haus für sich in Anspruch nimmt.« Es stimmte nicht mit dem Gerechtigkeitssinn des alten Mannes überein, dass ihr Gouverneur immer noch zusammen mit den kleineren Jungen auf dem Dachboden des Hauses schlafen musste.

Bradford lächelte. »Bald werden mehr Häuser zur Verfügung stehen. Aber, liebe Freunde, denkt doch! Vor weniger als einem Jahr haben wir erstmalig diese Wildnis betreten. Und schon jetzt sind unsere Lagerhäuser voll; wir leben in Frieden mit unseren indianischen Nachbarn; wir haben feste Häuser mit Feuerstellen gegen den kommenden Winter. Da wäre es nicht unpassend, wenn wir einen Tag festsetzten, nur um einmal für all das Gute zu danken.«

»Ein Fest!«, quietschte Humility erfreut. Doch sogleich schlug sie ihre Hände vor den Mund, als sie bemerkte, dass alle Augen auf sie gerichtet waren. Kinder durfte man wohl sehen, aber nicht hören. Sie hatten zu schweigen, wenn Erwachsene sich unterhielten.

Trotzdem sollte es ein großes Fest geben. Alle Siedler waren begeistert von der Idee eines Tages des Dankes. Schnell war man sich einig, dass auch die indianischen Nachbarn dabei sein sollten. Am festgelegten Tag, Mitte Oktober, erschien Massasoit zusammen mit neunzig seiner Männer plus Frauen und

Kinder. Sie hatten fünf Hirsche dabei, die über den offenen Feuern gegrillt werden sollten.

Das Fest dauerte drei Tage. Wildbret, Fisch, Kaninchen und wilde Hühner wurden gebraten und mit großem Vergnügen verzehrt. Dazu gab es Maisbrot, Pasteten, Eintöpfe und einen Rest Butter und Käse, den die Siedler noch von der Seereise übrig hatten. Die Indianerfrauen schauten interessiert, was die Engländerinnen an Speisen vorbereitet hatten. Und die Kinder, Braune und Weiße, liefen lärmend durcheinander und spielten Fangen.

Am zweiten Tag nutzten Elisabeth und Mary Chilton die Gelegenheit, dass sie von ihren alltäglichen Pflichten ausruhen konnten, um Arm in Arm zur Rückseite der Häuser zu gehen. Dort zeigten die Männer ihre Treffsicherheit. Die Siedler feuerten mit ihren Musketen, die langsam und unhandlich waren, jedoch einen beachtlichen Lärm von sich gaben und auch ein weit entferntes Ziel noch trafen. Die Indianer dagegen spannten ihre Bögen und schickten Pfeil um Pfeil ins Ziel.

»Ach, du meine Güte«, stöhnte Mary. »Kapitän Krabbe lässt schon wieder die Militärparade die Straße rauf und runter marschieren.«

»Er will damit die Indianer beeindrucken«, stellte Elisabeth trocken fest.

»Ich glaube, dass es nicht nur die Indianer sind, die er beeindrucken will«, kicherte Mary. »Hast du nicht gesehen, wie er Priscilla Mullins gestern schöne Augen gemacht hat?«

Elisabeths Augen wurden groß. Die neunzehnjährige Priscilla zog die Blicke aller jungen alleinstehenden Männer auf sich. Es war nur eine Frage der Zeit, wann einer von ihnen um ihre Hand anhielt. Aber doch nicht Kapitän Standish! Ja, er war verwitwet und brauchte eine Frau, wie jeder Mann, aber …

»Du sollst zu Mrs Brewster kommen, Elisabeth!«, rief Henry ihr zu, als er mit einer Horde Jungen an ihr vorbei galoppierte, so frei und verspielt wie junge Hunde. Die Mädchen seufzten und beeilten sich, zurückzukommen, um das Essen für das Fest aufzutragen. Als alles bereit war, stimmten Elder Brewster und Diakon Fuller mit den Siedlern und ihren Gästen das Dankgebet an. Elisabeth hörte aufmerksam zu. Sie hatte sich noch immer nicht daran gewöhnt, Gebete auch außerhalb des strengen Reglements der Kirche von England zu hören. Aber die Puritaner beteten mit erhobenen Händen oder kniend, als ob sie wirklich mit Gott redeten. Selbst Gouverneur Bradford betete. Er nahm seinen Hut ab, wandte das Gesicht himmelwärts und dankte Gott inbrünstig für alles, was er ihnen geschenkt hatte: Er hatte sie am Leben erhalten, hatte ihnen Schutz gegeben und sie mit Nahrung versorgt.

Das, was Elisabeth da hörte, brachte sie ganz durcheinander. Sie wünschte, jemand würde ihr mehr von Gott und dem Glauben der Separatisten erzählen. Sie *wollte* wohl dankbar sein, aber war es nicht ungerecht den anderen gegenüber, die diese Gnade nicht erfahren hatten? Was war mit den Passagieren der *Mayflower*, die diesen Tag nicht mehr erleben durften?

Glück und Unglück

Die Blätter waren von den Bäumen gefallen und kalter Novemberregen tränkte die abgeernteten Felder, als die Siedler ein Segel am Horizont bemerkten. Seit die *Mayflower* im April die Bucht verlassen hatte, war kein Schiff mehr vorbeigekommen. Die Menschen ließen alles stehen und liegen und schauten und staunten.

»Englisch oder Spanisch?«, grunzte Kapitän Standish. »Oder vielleicht Französisch. Hmm. Das sähe den Franzosen ähnlich: Erst hacken wir eine Plantage aus der Wildnis, und dann versuchen sie, uns das Land zu nehmen.« Vorsorglich befahl der Kapitän, dass alle Männer ihre Musketen laden sollten. Auch wurden einige auf dem Hügel bei den geladenen Kanonen postiert.

Aber schließlich rief ein Junge: »Ich sehe den Union Jack!« Plötzlich waren alle ganz aufgeregt. »Lobt den Herrn! Ein englisches Schiff«, riefen einige. »Die Merchant Adventurers schicken uns doch noch Nachschub!« Andere beteten still in der Hoffnung, dass einige der lieben Menschen, die sie zurückgelassen hatten, an Bord sein würden.

Das Schiff hieß *Fortune*. Sogleich schickten die Siedler die Schaluppe los. Als sie zurückkam, weinten die Brewsters fast vor Freude, weil ihr ältester Sohn Jonathan, ein junger Mann von achtundzwanzig Jahren, mitgekommen war. »Und deine Schwestern?«, schluchzte Mrs Brewster. »Sind sie …«

»Es geht ihnen gut, Mutter«, sagte Jonathan. »Sie hoffen, dass sie nachkommen können, wenn Fear ihre Ausbildung beendet hat.«

Den ganzen Tag lang pendelte die Schaluppe zwischen dem Festland und dem Schiff hin und her, bis alle Passagiere von Bord waren. Fünfunddreißig Männer, Frauen und Kinder waren gekommen, um die Siedler zu unterstützen. Darunter auch einige der Separatisten, die seinerzeit die leckende *Speedwell* verlassen hatten, und zwei Ehefrauen, deren Männer bereits mit der *Mayflower* gekommen waren.

Elisabeth sah kein bekanntes Gesicht. Ihr Herz wurde dabei ganz schwer. Fünfunddreißig neue Siedler, die sich zu den anderen in die sieben Holzhäuser quetschen mussten. Die Separatisten hießen jeden freundlich willkommen, aber Elisabeth konnte in mehreren Gesichtern dieselben Gedanken lesen.

»Nun gut, sind alle Passagiere an Land?«, hörte man William Bradford herzlich fragen. »Dann sollten wir jetzt die Vorräte abladen, die ihr uns mitgebracht habt.«

Betretenes Schweigen herrschte unter den Neuankömmlingen. Jonathan Brewster war der Erste, der die Sprache wiederfand. Unsicher räusperte er sich: »Es gibt an Bord leider keine Vorräte, Gouverneur.«

Die Siedler waren wie vom Donner gerührt! Nur das Plätschern der Wellen durchbrach die Stille. Schließlich war es Gouverneur Brewster, der als Erstes wieder Worte fand. »Wir haben fest damit gerechnet, dass die Merchant Adventurers unsere Vorräte mit dem ersten Schiff aus England auffrischen würden. Wir brauchen Werkzeug und Schießpulver, Messer,

Töpfe und Glasperlen als Tauschmittel für die Indianer. Auch Mehl, Butter, Käse, Kerzen …«

»Und Stoff!« Susanna Winslows Stimme klang verzweifelt. »Die Kinder tragen doch nur noch Lumpen am Leib.«

Bradfords Hand war zur Faust geballt: »Aber wenigstens … sicherlich habt ihr genug Nahrung mitgebracht, damit ihr gut durch den Winter kommt.«

Jonathan schüttelte traurig den Kopf. »Das Schiff war vier Monate auf See. Wir waren alle sehr erleichtert, als endlich Land in Sicht war, weil unsere Vorräte gänzlich aufgebraucht waren.«

Enttäuscht sahen sich die Siedler an. Fünfunddreißig weitere Münder zu stopfen, aber keine zusätzliche Nahrung? Plötzlich schienen die eingelagerten Wintervorräte viel weniger groß.

»Aber ich habe einige Briefe dabei, Gouverneur! Einer ist von Thomas Weston«, sagte Jonathan hoffnungsvoll. »Vielleicht erklärt das einiges.« Er löste zwei versiegelte Päckchen aus seinem Wams.

Bradford nickte dankend. »Das Wichtigste zuerst«, meinte er. »Wir müssen dafür sorgen, dass diese guten Menschen in den Häusern untergebracht werden, damit sie vor dem kalten Wind geschützt sind.«

Den Rest des Tages waren alle damit beschäftigt, die Neuankömmlinge und ihre wenige Habe in die sieben Häuser zu bringen. Als es dunkel wurde und draußen ein kalter Wind um die Hausecken heulte, flüsterte Bradford Elder Brewster zu: »Wir müssen vielleicht einige der unverheirateten Männer im Lagerhaus unterbringen.«

Elisabeth tat, als ob sie schlafen würde, aber in dem überfüllten Haus war es fast unmöglich, nicht zu lauschen. Sie hörte, wie Bradford das Siegel brach, mit dem die Briefe von der *Fortune* versiegelt waren.

»Das sind gute Neuigkeiten«, sagte er. »Das Gericht von Neu-England hat den Mayflowervertrag, den wir alle unterzeichnet haben, anerkannt. Die Siedlung Plymouth ist nun eine rechtsgültige Kolonie.«

»Dem Herrn sei Dank«, rief Elder Brewster. »Aber – was hat dieser windige Thomas Weston zu sagen?«

Beim flackernden Licht der Kerze herrschte Stille. Dann holte Bradford ärgerlich tief Luft: »Er sagt, dass sie uns keinen Nachschub schicken, weil wir die *Mayflower* leer zurückgeschickt haben; wir seien faul und könnten schlecht wirtschaften.«

Elisabeth wollte ihren Ohren nicht trauen! Am liebsten hätte sie laut gerufen: »Weiß er denn nicht, wie viele Menschen *gestorben* sind?« Aber das war nicht nötig, denn Elder Brewster explodierte:

»Faul? Schlechte Wirtschafter? Weiß dieser entsetzliche Kerl denn nicht, dass wir den letzten Winter nur mit größter Mühe und durch Gottes Gnade überlebt haben? Dass es Monate gedauert hat, ehe wir Kontakt zu den Indianern hatten, geschweige denn einen Friedensvertrag ausgehandelt hatten und die ersten Tauschgeschäfte machen konnten! Warum, dieser ignorante, protzige ...«

»Psst, lieber Mann«, beruhigte Mrs Brewster ihren Gatten. »Du weckst noch die Kinder auf.«

Die Stimmen um das flackernde Kerzenlicht wurden leiser. Aber als Elisabeth fast eingeschlafen war, hörte sie William Bradford seufzen. »Wir haben keine Wahl. Wir müssen die Frachträume der *Fortune* füllen, so gut es geht. Sonst verstoßen wir gegen den Vertrag mit den Merchant Adventurers. Wenigstens haben wir etwas, was die Engländer dringend brauchen: Holz!«

* * *

Als die *Fortune* Mitte Dezember lossegelte, waren ihre Frachträume voll mit Zedernholz – »Mit dem Holz müssten wir eigentlich neue Häuser bauen«, beschwerte sich Stephen Hopkins und mit ihm noch andere – sowie getrocknetem Fisch und zwei Fässern voll mit Biberpelzen, die in England über fünfhundert Pfund wert wären. Die Siedler hatten alles, was sie irgendwie entbehren konnten, zum Tausch gegen die Pelze gegeben.

Als die *Fortune* noch in der Bucht vor Anker lag, hatte Elisabeth mehrmals daran gedacht, ob nicht jemand einen Brief für ihre Schwestern in Bedfordshire schreiben könnte. Aber sie konnte sich nicht überwinden, Gouverneur Bradford um Erlaubnis zu fragen, ob sie nach England zurückkehren dürfte. Sie mied ihn, so gut es eben ging, wenn man im selben Haus lebt. Wenn er da war, kümmerte sie sich intensiv um die kleineren Kinder oder trug wortlos das Essen auf. Außerdem war sie damit beschäftigt, nach Diakon Fullers Anweisungen Salben, Tees und Hustensirup aus den Kräutern von Nooma für die fünfunddreißig Neuankömmlinge zuzubereiten, die nach vier Monaten auf See alle krank, schwach und unterernährt waren.

Dann, eines Tages, war die *Fortune* nicht mehr da.

Als Elisabeth einige Tage später im Gemeinschaftshaus saß, wo sich alle zum Gottesdienst versammelt hatten, überkam sie wieder das Gefühl des Gefangenseins mitten in der unendlichen Weite der Wildnis. Aber, so beruhigte sie sich selbst, nun waren ja neue Leute gekommen, um bei der Gründung der Kolonie zu helfen. Unter den Passagieren der *Fortune* waren auch einige unverheiratete Männer. Sie wurde schließlich langsam erwachsen. Vielleicht käme eines Tage jemand wie John Howland, der eine Frau suchte …

Elisabeth fühlte, wie sie errötete. *Warum* um alles in der Welt dachte sie an jemanden wie John Howland? Verwirrt musste sie sich eingestehen, dass sie ihn oft im Gottesdienst, oder wenn er auf dem Weg zu den Feldern oder zum Strand am Haus der Brewsters vorbei ging, beobachtet hatte. Es schien, dass er an Stärke und Selbstsicherheit gewonnen hatte, seit er sein eigener Herr war. Auf ungewöhnliche Weise sah er gut aus, aber er schien sie nie zu bemerken.

Die Nachmittagspredigt war fast zu Ende, als Hobomok in der Tür des Gemeinschaftshauses erschien und Gouverneur Bradford bedeutete, dringend herauszukommen. Als die restlichen Gottesdienstbesucher in den kalten Dezemberwind hinaustraten, bemerkte Elisabeth eine Delegation unbekannter Indianer, die abweisend und ohne zu lächeln vor William Bradford standen. Sie überreichten dem Gouverneur ein Bündel Pfeile, die in Schlangenhaut gewickelt waren.

Bradford wandte sich an Hobomok. »Was hat das zu bedeuten?«

»Krieger der Narragansett«, warf Squanto ein. »Die Schlangenhaut ist das Zeichen für Herausforderung. Häuptling Canonicus erklärt euch den Krieg.«

Kapitän Standish und einige andere hielten den Griff ihrer Musketen fester umschlossen, als Bradford nachdenklich die Schlangenhaut betrachtete. Dann wickelte er die Pfeile aus, legte die Schlangenhaut auf den Boden und verlangte nach Schießpulver und Schrot. Nachdem er beides in die Schlangenhaut eingewickelt hatte, stand er auf und überreichte das Päckchen den Kriegern der Narragansett. »Sagt eurem Häuptling, dass wir Frieden möchten. Aber wenn er uns angreift, werden wir uns wehren.«

Als Edward Winslow die Worte des Gouverneurs übersetzt hatte, machten die Indianer auf dem Absatz kehrt und verschwanden im Dickicht des Waldes.

Die Siedler flüsterten miteinander. Was hatte das zu bedeuten? Würde es Krieg geben? Selbst wenn man die Neuankömmlinge dazuzählte, waren es immer noch weniger als fünfzig Männer in Plymouth.

»Schickt jemanden zu Häuptling Massasoit«, forderte John Billington. »Unser Vertrag sagt, dass er uns zu Hilfe kommen muss, wenn wir angegriffen werden.«

»Ruhig, Leute!« Gouverneur Bradford erhob seine Stimme. »Wir wollen Häuptling Canonicus nicht Grund zu der Annahme geben, dass wir uns auf einen Krieg vorbereiten. Sollte ein Kampf unvermeidlich sein, werden wir Massasoit informieren.«

»Aber jetzt seht ihr, dass wir mehr Schritte unternehmen müssen, um uns zu verteidigen«, rief Kapitän Standish aufgebracht. »Ich schlage vor, einen Palisadenzaun um das Dorf zu bauen und des Nachts eine

Wache aufzustellen, damit sie uns nicht überraschen können.«

»Er hat recht!«, riefen einige.

»Einen Palisadenzaun bauen?«, protestierte Stephen Hopkins. »Das würde Monate dauern! Was ist dann mit den neuen Häusern? In unseren hölzernen Käfigen sind wir doch alle so dicht zusammengepfercht, dass man kaum atmen kann.« Aber Hopkins wurde bald überstimmt und gleich am nächsten Tag wurde mit dem Bau des Zaunes begonnen.

Als es Winter wurde in der Bucht von Cape Cod, wurden alle Männer, die man beim Jagen, Fischen und Holzhacken entbehren konnte, in den Wald geschickt, um gerade Pfosten für den Palisadenzaun zu beschaffen. Elisabeth bemerkte, dass auch Gouverneur Bradford unter den Männern war, Holz zurechtschnitt, die Rinde abschälte und die drei Meter hohen Pfähle befestigte. Außer am Tag des Herrn wurde jeden Tag gearbeitet. Langsam wuchs der Zaun von der Spitze des Friedhofhügels hinunter zum Strand, dann wieder hinauf, wobei genügend Raum gelassen wurde für viele neue Häuser. Weihnachten 1621 war wie jeder andere Tag, abgesehen von dem zu erwartenden Murren unter den Ungläubigen, die auf ihren Feiertag verzichten mussten.

Aber niemand bemerkte irgendetwas von den Narragansetts. Bradfords Antwort auf die Schlangenhaut wurde zur Kenntnis genommen – und verstanden. Das war auch gut so, denn die Siedler hatten ohnehin genug andere Probleme. Die Nahrungsvorräte wurden immer knapper, sodass der Gouverneur die Rationen für jeden halbierte. Bei den ersten Anzeichen des Frühlings gingen die Frauen und größeren Kinder hinaus auf die Felder, um mit der Aussaat zu beginnen.

Eines Tages, als die Arbeit an dem Zaun fast vollendet war, kam Henry aus dem Wald gerannt und schrie: »Elisabeth, wo ist Diakon Fuller?« Zusammen mit Priscilla Mullins war sie gerade dabei, eine Bohnensuppe als Mittagsmahlzeit für die Arbeiter zu kochen.

»Ein Unfall! John blutet fürchterlich!«

Priscilla wurde bleich. »Doch nicht … John Alden?«

»Nein, John Howland! Er hat sich mit der Axt fast das Bein abgehackt!«

Ohne ein Wort zu sagen, beeilte sich Elisabeth, Diakon Fuller zu finden. Als sie ihn endlich gefunden hatte, hatten einige Männer John Howland bereits in das Gemeinschaftshaus getragen. Seine Hose und die wollenen Strümpfe waren blutgetränkt. Schnell entfernte Diakon Fuller die Kleidung des jungen Mannes und stellte erleichtert fest, dass es ›nur‹ eine tiefe Fleischwunde war. Die Axt war von einem vereisten Baumstamm abgerutscht und hatte dabei Howlands Unterschenkel getroffen.

Diakon Fuller hatte sich bereits daran gewöhnt, dass ihm Elisabeth zur Seite stand, wenn er sich um die Kranken kümmerte. So war es nur normal, dass er sie bat, saubere Binden zu holen, die Wunde auszuwaschen und ihm dann Nadel und Faden zu bringen, um die Wunde zu nähen. Am liebsten wäre das Mädchen davongeschlichen; sie konnte es nicht ertragen, wie John Howland blass und mit schmerzverzerrtem

Gesicht dalag, während der ›Doktor‹ die Nadel in die zitternde Haut stach.

Als die Blutung gestoppt war, fragte Diakon Fuller trocken: »Elisabeth, wie viel Schafgarbensalbe haben wir noch für die Wunde?«

»Es … es ist fast nichts mehr da«, stammelte sie. »A-aber – Nooma hat noch einen großen Vorrat an Gänseb-lümchen. Damit versuchen die Indianer immer, eine Infektion zu verhindern.«

»Gut, ich möchte, dass du zweimal täglich herkommst, um den Verband zu wechseln und frische Salbe aufzutragen, hast du gehört?«

Elisabeth nickte gehorsam. Am liebsten wäre sie im Erdboden versunken.

Nur ungern ging sie zweimal am Tag zum Gemeinschaftshaus. Sie fürchtete, dass John Howland ihr Herz klopfen hörte, wenn sie ihm den Verband löste, die Salbe auftrug und sein Bein wieder einwickelte. Aber sie brauchte sich darum nicht zu sorgen. Er sah sie kaum an, und obwohl er immer höflich war, sagte er fast nie etwas.

Eines Tages, als sie gerade wieder einen neuen Verband anlegte, hörte sie, wie Noomas ältester Sohn draußen nach ihr rief. »Lisa-beth, komm! Mama mehr Gänseblümchen gegeben.«

»Komm doch herein, Meeka.«

»Nein, nein! Ich nicht wollen böse Krankheit von Kiste in Erde. Du komm holen!«

Irritiert ging Elisabeth zur Tür. Der Junge sah verängstigt aus. Sie wollte ihn noch fragen, warum er sich fürchtete, aber er warf ihr nur die Blumen in die Hände und lief davon.

Als sie zurück ins Haus ging, versuchte John Howland gerade, sich hinzustellen. »Würden Sie mir bitte nach draußen helfen, Miss Tilley? Ich werde vom langen Liegen noch ganz verrückt.« Elisabeth war so überrascht, dass sie Meeka und sein seltsames Gerede von einer ›Krankheit in der Kiste‹ ganz vergaß. John Howland hatte sie *Miss Tilley* genannt! Aber als ihr Patient dankbar auf einen Stuhl sank, der vor der

Tür stand, beruhigte sie sich wieder. Er hatte sich wohl nichts dabei gedacht; es war nur eine alte Gewohnheit gewesen.

* * *

Schließlich, zeitig im Frühjahr, war der Zaun mit seinen vier Toren – eines oben auf dem Hügel, eines zur See hin und je eines zu beiden Seiten – fertiggestellt. Alle Männer wurden in Gruppen eingeteilt, die Tag und Nacht Wachposten stellten. Manch einer hielt das für reine Zeitverschwendung – bis eines Tages ein junger, unbewaffneter Krieger durch das Nordtor gelaufen kam. Sein Gesicht war blutverschmiert und er zeigte aufgeregt hinter sich.

»Was sagt er?«, wollte Kapitän Standish wissen und wandte sich an Edward Winslow.

»Er sagt, dass er ein Wampanoag ist.« Winslow runzelte die Stirn. »Er sei in eine Gruppe von Kriegern der Massachusetts geraten, die direkt auf unser Dorf zu marschierten. Er kommt, um uns zu warnen. Aber … seltsam. Ich habe diesen Mann noch nie gesehen.«

Squanto und Gouverneur Bradford kamen herbeigeeilt. »Das habe ich befürchtet«, meinte Squanto ernst. »Häuptling Massasoit hat sich als dein Freund ausgegeben und hinter deinem Rücken Massachusetts zum Angriff ermutigt. Squanto wird sie aufhalten. Ich muss gehen.« Damit schritt der große, stolze Indianer aus dem Tor. Der fremde Krieger wies ihm den Weg.

Gouverneur Bradford schien verblüfft. »Aber ich habe Massasoit vertraut! Wo ist Hobomok? Ich muss ihn sofort sprechen!«

Kapitän Standish zog misstrauisch die Stirn in Falten, als Squanto zwischen den Bäumen verschwand. »Hobomok wollte sich mit Häuptling Massasoit treffen. Er hat mir anvertraut, dass er Gerüchte gehört hat, nach denen wir eine schreckliche Seuche in einer Kiste gefangen halten, die wir zu den Indianerstämmen bringen wollen. Er hat Squanto im Verdacht ...«

»Meine Güte!«, stöhnte Bradford. »Nun, so lange wir diese Sache nicht geklärt haben, können wir nichts machen. Alle sollen hinter die sichere Umzäunung kommen. Schließt die Tore und stellt alle Männer bewaffnet auf ihre Posten!«

Nur langsam verstrich der Tag. Auch in der Nacht hielt man Wache. Aber erst am nächsten Morgen rief ein Späher: »Squanto kommt – allein!«

Das Nordtor wurde geöffnet. Triumphierend grüßte Squanto den Gouverneur und die anderen verantwortlichen Männer. »Alles ist gut!«, rief er. »Squanto hat Massachusetts überzeugt, die Waffen niederzulegen und stattdessen friedlich mit euch zu verhandeln.«

»Gut gemacht, Squanto!«, meinte Bradford erleichtert.

Während Squanto seine Geschichte erzählte, rief ein anderer Posten: »Hobomok kommt – mit acht, vielleicht zehn von Massasoits Männern!«

Als Hobomok Squanto erblickte, blitzten seine dunklen Augen vor Wut: »Squanto Verräter von Friedensplan! Macht sich groß in Augen von Engländern. Massachusetts nicht plant Angriff; kommen, um zu handeln. Squanto auch machen Indianern Angst. Sagt mein Sohn, sagt anderen, Engländer haben schlimme Krankheit versteckt in Kiste in Gemeinschaftshaus. Häuptling Massasoit sagt, Verräter muss sterben!«

Die Siedler waren verblüfft. Was ging hier vor? Squantos Gesicht verhärtete sich. Er schritt rückwärts, bis Gouverneur Bradford und die anderen Männer zwischen ihm und Hobomoks Männern waren.

Ein anderer Krieger der Wampanoag trat vor. »Massasoit will Squantos Kopf und Hände zum Beweis, das der Verräter wie abgesprochen getötet wurde.«

Gouverneur Bradford stand unbeweglich. Er schien in eine Falle geraten zu sein. Jedermann wusste, dass er sich mit Squanto angefreundet hatte, auch wenn andere es nicht wollten. Sollte er nun wählen zwischen der Loyalität seinem Freund gegenüber und Massasoits Forderung?

In dem Moment schrie ein Wachposten: »Ein Segel! Ein Segel im Hafen!«

Alle Blicke gingen aufs Meer hinaus. Bradford reagierte schnell. »Ich werde mich später um Squanto kümmern«, meinte er zu Hobomok und den anderen Kriegern gewandt. »Aber jetzt müssen wir sehen, ob das Schiff Freund oder Feind ist und uns auf eine Begegnung vorbereiten.« Damit machte er auf dem Absatz kehrt und lief die Hauptstraße von Plymouth entlang in Richtung Osttor. Squanto, Kapitän Standish und die anderen Siedler folgten ihm dicht auf den Fersen. Zurück blieb Massasoit mit seinen Kriegern, denen vor Erstaunen der Mund offen stand.

Neuigkeiten aus England

Das Segel im Hafen erwies sich als eine Schaluppe von einem englischen Schiff, das entlang der Küste auf Fischfang ging. Sieben von Thomas Westons Männern wateten an Land und ließen Gouverneur Bradford wissen, dass sie weiter nördlich eine neue Kolonie gründen wollten. Sie hatten einen Brief dabei, in dem Weston darum bat, den Leuten Nahrung und Unterkunft zu gewähren, bis sie selber für sich sorgen konnten.

»Die Nerven möchte ich haben!«, fauchte Mrs Brewster abends, als sie die Ohren von Love und Wrestling schrubbte, um die Kinder dann nach oben in ihre Betten zu schicken. Elisabeth dachte genauso, als sie sich um Richard More und Henry kümmerte: »Er schickt uns immer neue Mäuler zum Stopfen, aber nichts, was wir ihnen zu essen geben könnten!«

Elder Brewster beobachtete Bradford, der auf dem festgestampften Lehmboden des Holzhauses hin und her ging. Schließlich fragte er: »Was war denn nun mit Massasoits Boten?«

William Bradford hielt inne. »Der Herr steh uns bei«, rief er erschrocken. »Ich habe sie völlig vergessen!« Er wollte gerade zur Tür hinauslaufen, als Henry seinen Kopf aus Elisabeths festem Griff löste und ihm zurief: »Verzeihung, Gouverneur. Aber die Krieger sind schon vor einigen Stunden gegangen. Sie sahen ziemlich verärgert aus.«

Bradford sank auf einen Stuhl und musste kurz und schmerzerfüllt lachen. »Ich hätte nie gedacht, dass wir für Frieden zwischen den Indianern sorgen müssten. Aber ich bin nicht gewillt, Squanto zu töten. Abgesehen von seinem dummen Verrat ist er uns immer ein Freund gewesen. Ich muss einen anderen Weg finden, Massasoits verletzte Ehre wieder herzustellen, denn auf seine Freundschaft können wir ebenso wenig verzichten.«

Der Gouverneur hatte den Kopf in seine Hände vergraben, als Mrs Brewster und Elisabeth die Kinder ins Bett scheuchten. Westons Brief lag vor ihm auf dem Tisch. Schließlich sah er zu Elder Brewster hinauf. »Weston schreibt, dass die *Fortune* von französischen Piraten überfallen wurde und ohne Ladung in England ankam. Das bedeutet, dass wir noch einmal ganz von vorne beginnen müssen, unsere Schulden bei den Merchant Adventurers zu begleichen.« Er holte tief Luft. »Ich werde für morgen ein Treffen aller Brüder und Fremdlinge ansetzen. Wir müssen noch härter arbeiten, wenn wir das nächste Jahr überstehen wollen.«

* * *

John Howlands Bein heilte schnell. Dennoch bemerkte Elisabeth, dass er am Ende eines Arbeitstages immer noch etwas humpelte. Aber sie hatte wenig Zeit, sich Gedanken um Howland zu machen, geschweige denn um sich selbst. Plymouth steckte in großen Schwierigkeiten. Bereits im Juni waren alle Maisvorräte der Kolonie aufgebraucht und bis zur nächsten Ernte war es noch lange hin. Dann brachte ein Fischerboot die Nachricht, dass zahlreiche Weiße in Virginia von Indianern massakriert worden waren. Sofort setzte sich Kapitän Standish dafür ein, auf dem Hügel ein Fort zu errichten. Die Separatisten waren dagegen: ihre indianischen Nachbarn waren friedlich! Aber schließlich willigte Bradford ein, denn das Gemeinschaftshaus wurde langsam zu klein, um alle Siedler aufzunehmen, und ein großes, befestigtes Fort konnte außerdem für die Gottesdienste und Versammlungen genutzt werden.

Das bedeutete für jeden noch mehr Arbeit: die Holzstämme für das Fort mussten bearbeitet werden, dann brauchte man Bretter für die neuen Häuser; Hasen, Rehe und Waschbären mussten von den Feldern ferngehalten werden; und schließlich musste man noch jagen und fischen, um nicht zu verhungern. Westons Männer halfen jedoch nicht mit. Sie nutzten Plymouth freimütig als ›Heimatbasis‹, während sie weiter nördlich nach einem guten Platz für eine neue Plantage suchten.

Es war gegen Ende Juni, als erneut ein Segel am Horizont erschien. »Ein Schiff! Ein Schiff!«, schrien die Jungen vor Freude. Es gab nichts aufregenderes, als ein ankommendes Schiff zu beobachten und festzustellen, ob es Freund oder Feind war. Und erst die Vorstellung, was für wundervolle Sachen ein Schiff aus England dabeihaben könnte …! Zur Vorsicht wurden die Kanonen und Musketen geladen. Aber dann rief jemand: »Es hat den Union Jack gehisst!«

Die *Discovery* war auf dem Weg von Jamestown in Virginia zurück nach England. Unterwegs machte sie Halt, um zu handeln. Es waren weder Vorräte noch Passagiere an Bord, jedoch Briefe für einige der Siedler und Neuigkeiten von den Separatisten in Leyden, Holland. Am Abend unterhielt man sich aufgeregt über die Briefe und die Nachrichten von daheim.

»Patience schreibt, dass sie und Fear fest planen, im nächsten Frühjahr oder Sommer zu uns zu kommen«, rief Mrs Brewster erfreut. Sie sah zu Elisabeth hinüber. »Wir haben sie ›Fear of the Lord‹ (Furcht des Herrn) genannt; sie ist jetzt sechzehn Jahre alt – nur ein Jahr älter als du. Aber, oh, was das für ein gescheites Ding ist! Wir haben darauf bestanden, dass sie in Holland blieb, wo sie die Möglichkeit hatte zu studieren. Patience hat versprochen, sich um sie zu kümmern – sie ist sechs Jahre älter.«

Elisabeth nickte höflich und zerstampfte die getrockneten Kräuter in ihrer Schüssel mit mehr Kraft als nötig. Ein bekanntes Gefühl der Leere überkam sie. Fear und Patience Brewster würden kommen und bei ihren Eltern einziehen – zwei *echte* Töchter. Warum sollten die Brewsters wollen, dass sie dann noch bei ihnen wohnen bliebe? Selbst wenn sie das wollten, so war doch viel zu wenig Platz für alle im Haus. Aber wohin könnte sie gehen? Sie wollte nicht von einem Haushalt zum anderen ziehen wie ein verlorenes Hündchen. Schlimmer noch, wenn man sie zu den Billingtons schicken würde! Sie konnte die schrille Stimme Goody Billingtons in ihren Ohren klingeln hören.

Und die neckenden Jungen, wie sie riefen: »Guten Tag, Sommersprossengesicht!« Elisabeth schauderte.

»William«, flüsterte Elder Brewster und hielt den Brief näher an die Kerze. »Pastor Robinson schreibt, dass Thomas Southworth verstorben ist.« Er sah den jungen Mann an. »Du kennst doch Alice, seine Frau, noch von früher, als sie nicht verheiratet war.«

Bradford nickte langsam. »Ja, ich habe Alice Carpenter und ihre Familie gut gekannt.« Er wand sich verlegen. »Sie war – ist – eine feine Frau.«

»*Und* frei, um wieder zu heiraten«, brachte Brewster die Sache auf den Punkt.

»Aber sie hat sicher Kinder.«

»Die einen Vater brauchen, genauso, wie dein Sohn eine Mutter braucht!«

Jeder im Haus starrte auf Elder Brewster, der so dreist sprach.

»Die *Discovery* könnte einen Brief mitnehmen«, fuhr er fort.

Geschickt wechselte Bradford das Thema: »Da fällt mir ein, der junge Alden hat gestern bei mir vorgesprochen und um die Erlaubnis gebeten, Priscilla Mullins zu heiraten.«

»Oh, wie schön, ich freue mich wirklich, das zu hören!«, jubelte Mrs Brewster. »Ich hatte schon befürchtet, dass Kapitän Standish ihm zuvorkommen würde. Er ist ja ein lieber Mann, dieser Standish, aber er braucht eine Frau seines Alters.«

Elisabeth entschuldigte sich schnell und verschwand nach draußen in die Dämmerung des Sommerabends. Sie drückte einige Tränen zurück und sog tief die salzige Luft ein. Sie hörte das Zirpen der Grillen und sah in der geschützten Bucht die leuchtenden Laternen an Deck der *Discovery*.

Wenn die *Discovery* einen Brief mitnehmen konnte, dann hatte sie vielleicht auch noch Platz für einen

Passagier. Diesmal würde sie ihre Chance nicht verpassen! Dumm von ihr, zu denken, dass John Howland ihr irgendeine Beachtung schenken würde. Sie war jeden Tag bei ihm gewesen, als er sich von seinem Unfall erholte, und die ganze Zeit hatte er kaum mit ihr gesprochen. Warum sollte er auch? Sie und Mary Chilton hatten stolz auf ihn herab gesehen, als er noch ein Leibeigener war. Nun war er sein eigener Herr und sie nur eine Waise ohne jeglichen Besitz, ohne Aussteuer – ohne alles! Vielleicht mochte er auch keine roten Haare und Sommersprossen …

Aber sie musste erst die Erlaubnis von Gouverneur Bradford haben, um nach England zurückzukehren. Sie konnte kaum mit ihm reden, ohne zu stottern. Zu dumm! Denn was auf der *Mayflower* vor zwei Jahren passiert war, verblasste immer mehr in der Erinnerung der Menschen. Warum sonst hätte Elder Brewster es gewagt, Bradford eine erneute Heirat vorzuschlagen? Es gab keinen anderen Weg. Sie musste von Angesicht zu Angesicht mit dem Gouverneur reden.

Aber es war nahezu unmöglich, Gouverneur Bradford unter vier Augen zu sprechen. Am Tag arbeitete er in Hemdsärmeln zusammen mit den anderen Männern am Fort und an den neuen Häusern. Und des Nachts gab es praktisch keine Privatsphäre in dem überfüllten Haus der Brewsters.

Unbewusst sorgte Elder Brewster dann für eine Lösung. »William«, meinte er eines Abends. »Ich habe mit deinem Stellvertreter und einigen anderen gesprochen. Wir sind alle der Meinung, dass eines der neuen Häuser für den Gouverneur sein sollte. Das wäre nur passend! Wie willst du denn hier vernünftig arbeiten? Du wurdest für das neue Jahr wiedergewählt, und die wachsende Zahl der Leute hier zu überblicken, sollte deine erste Priorität sein. Nein, nein – dein Protest ist sinnlos. Das ist ein Entschluss, der ohne dich gefällt wurde.«

Man übertrug Elisabeth die Aufgabe, bei der Einrichtung von Gouverneur Bradfords Haus behilflich zu sein. Zuerst war sie eifrig bei der Sache, da sie hoffte, so eine Gelegenheit zu bekommen, allein mit Bradford zu reden. Aber als Mrs Brewster zum Lagerhaus marschierte, um all die Haushaltsgegenstände des Gouverneurs zu holen, die dort lagerten und noch nicht gegen Felle und Nahrung von den Indianern eingetauscht waren, prallte Elisabeth zurück.

»Was ist denn los mit dir, Mädchen?«, fragte sie. »Sei vorsichtig mit diesen Teetassen und zerbrich sie nicht.«

Elisabeth wurde heiß und kalt. Niemals würde sie all diese Dinge berühren! Sie hatten Dorothy Bradford gehört, waren vielleicht sogar ein Hochzeitsgeschenk. Seit Monaten hatte sie nicht mehr an die Frau gedacht und an das, was sie von der schrecklichen Nacht wusste. Sie *wollte* keinesfalls an sie erinnert werden.

Aber wie konnte sie ihre Hilfe verweigern, ohne Mrs Brewster den wahren Grund zu nennen? Bald … bald würde sie für immer von hier fort gehen und nichts mehr mit der Vergangenheit zu tun haben. Mit diesen Gedanken als Ansporn schaffte es Elisabeth, Bradfords Fässer und Säcke auszupacken, die Krüge, Becher und Schneidebretter auf dem rauen Zedern-

holztisch auszubreiten, die Matratze aus Entendau-
nen in das harte Holzbett zu legen und ein Feuer in
dem großen Kamin auf der einen Seite des Hauses
anzufachen.

Sie war gerade dabei, die einzige Kerze anzuspitzen,
die sie finden konnte, als William Bradford vorbeikam, um zu sehen, ob sein neues Heim fertig wäre.
»Ich danke dir, Elisabeth«, sagte er. »Du hast alles
sehr schön eingerichtet. Ach, es ist ein gutes Gefühl,
endlich wieder am eigenen Herd zu sitzen.«

Normalerweise hätte Elisabeth stumm genickt und wäre dann möglichst schnell verschwunden. Aber dieses Mal stand sie unbeweglich still. »Ich … ich b-bitte Sie, könnte ich Sie wohl einen Moment sprechen, G-gouverneur?«, stammelte sie.

Verwundert sah er sie an. »Natürlich! Sprich nur.«

»Ich hätte gerne Ihre Erlaubnis, mit der *Discovery* zurück nach England zu segeln«, platzte sie heraus. »Ich … ich habe hier niemanden und … und …«

Überrascht zog er die Augenbrauen hoch. »Hast du noch Angehörige daheim in England?«, fragte er.

Sie nickte. »Zwei verheiratete Schwestern.«

Bradford schien verwirrt. »Haben deine Schwestern dich eingeladen? Möchten sie, dass du bei ihnen lebst? Ich meine, erwarten sie dich?«

»N-nein«, sagte sie bestürzt. »Aber ich bin sicher, dass es in Ordnung wäre.«

William Bradford schwieg einige Minuten. Elisabeth starrte auf den festgestampften Lehmboden. Dann sagte er: »Als dein Vater und deine Mutter starben, Elisabeth, trugen wir – die ganze Kolonie – die Verantwortung für dich. Wie alt bist du – fünfzehn? Ich kann dich unmöglich nach England zurückschicken, wenn ich nicht weiß, ob du erwartet wirst und jemand dir ein Zuhause gibt.«

»Aber …!«, wollte sie protestieren, aber er hob die Hand und meinte:

»Wir können es so machen: Ich schreibe einen Brief an deine Schwestern und gebe ihn dem Kapitän der *Discovery* mit. Wenn sie bereit sind, dich aufzunehmen, dann könnten wir dich ziehen lassen. Oh, was gibt es, Squanto?«

Squanto stand auf der Schwelle des neuen Hauses und suchte den Gouverneur. »Viel Mais ist verschwunden, von Feldern kurz vor Ernte …«

»Was?«, rief Bradford aus und sprang auf.

»Squanto verdächtigen Männer von Weston. Haben Mais gestohlen, um gegen Felle zu tauschen. Aber Squanto kann nicht beweisen …«

Elisabeth sah zu, wie die zwei Männer aus dem Haus liefen. Sie folgte ihnen langsam und ging den Hügel hinunter zum Haus der Brewsters. Es war zwar nicht das, was sie gewollt hatte, aber es war zumindest ein Anfang. Sie hatte gefragt; Gouverneur Bradford würde den Brief schreiben. Nun musste sie abwarten.

* * *

Die zweite Ernte fiel mager aus. Niemand konnte beweisen, dass Westons Männer den Mais gestohlen hatten; sie selbst stritten es hitzig ab. Alle Siedler atmeten jedoch erleichtert auf, als die Ausbeuter einen Platz für die Errichtung eines Handelspostens weiter nördlich gefunden hatten, den sie Wessagusset nannten, und sich davonmachten. William Bradford, der zusah, wie sie davongingen, meinte besorgt: »Ich fürchte, dass sie uns die Indianerstämme dort im Norden nicht zu Freunden machen werden.«

Wegen der schlechten Ernte benötigten die Siedler dringend Mais und Bohnen, um den nächsten Winter überstehen zu können. Außerdem brauchten sie Biberfelle, die sie nach England schicken wollten, um damit ihre Schulden bei den Merchant Adventurers zu begleichen. Mit einem Vorrat an Messern und Glasperlen von der *Discovery* machten sich Gouverneur Bradford, Squanto, Edward Winslow und eine Hand voll bewaffneter Männer mit der Schaluppe auf in Richtung Süden, um mit den Indianern entlang der Küste zu handeln.

Während sie unterwegs waren, war Elisabeth damit beschäftigt, zusammen mit Nooma und ihren Kindern so viele Kräuter wie möglich zu sammeln, ehe der Frost alles zunichtemachen würde. Hobomok saß in seiner Hütte am Feuer, rauchte friedlich eine Pfeife und beobachtete seine Frau und das englische Mädchen, wie sie alles zum Trocknen zusammenbanden. Elisabeth sah den Indianer aus den Augenwinkeln und wunderte sich, wie Gouverneur Bradford es geschafft hatte, Squanto vor der Rache Häuptling Massasoits zu bewahren. Sie mussten irgendein Abkommen getroffen haben. Trotzdem gab es kein Fünkchen Liebe zwischen den beiden indianischen Bewohnern in Plymouth. Meistens gingen sie sich aus dem Weg. Hobomok war Kapitän Standishs ständiger Begleiter, während Squanto sich zu Gouverneur Bradford hielt.

Eine Woche ging vorbei, dann zwei, aber noch immer war die Handelsexpedition nicht zurückgekehrt. Eines Tages dann kamen Bradford und die anderen erschöpft und hungrig durch das Tor. Sofort wurden sie von allen umringt und mit Fragen bombardiert.

»Habt keine Angst, Leute«, beruhigte Bradford die Siedler. »Wir hatten guten Erfolg. Aber eine Böe hat die Schaluppe vom Ufer fortgerissen und aufs Meer hinausgetrieben. Wir konnten sie zwar noch bergen, aber sie war so stark beschädigt, dass wir die achtundzwanzig Barrel Mais und Bohnen im Sand vergraben haben und zu Fuß zurücklaufen mussten. Wir werden alles so bald wie möglich holen.« Er lächelte gequält. »Es ist nur ein ›Spaziergang‹ von etwa achtzig Kilometern.«

»Aber hattet ihr nicht Squanto bei euch?«, fragte Elder Brewster. Da merkten auch die anderen Siedler, das Bradfords indianischer Freund nicht bei der Gruppe war.

Gouverneur Bradford nickte ernst. »Squanto bekam Fieber, nachdem er uns zu den Stämmen geführt hatte, die am ehesten mit uns handeln würden. Er wurde so krank, dass wir ihm nicht helfen konnten …« Die Stimme drohte ihm zu versagen. »Aber bevor er starb, bat er mich noch, mit ihm zu beten, damit er zu unserem Gott in den Himmel käme.«

Die Falle

Seit Gouverneur Bradford ein eigenes Haus bewohnte, war er nun nicht mehr so oft bei den Brewsters. Aber wenn er vorbeikam und sich am Feuer niederließ, schien es, als trage er eine schwere Last auf seinen Schultern. Squantos Tod war ein harter Schlag für ihn. Dazu kam noch der strenge Winter und die erneute Kürzung der Lebensmittelrationen. Diesmal gab es zwar keine schlimmen Krankheiten wie im ersten Winter, aber die Leute hatten eingefallene Gesichter und viele husteten. Diakon Fuller und Elisabeth hatten alle Hände voll zu tun, damit alle mit Tee und Brustumschlägen versorgt werden konnten.

Im Februar machte sich Kapitän Standish mit einem Suchtrupp auf den Weg und entdeckte die Schaluppe sowie die vergrabenen Maiskörner und Bohnen, die Bradford und die anderen im Herbst dort zurückgelassen hatten.

»Ah, das hilft uns, die Lebensmitteleinteilung im Moment etwas großzügiger vorzunehmen«, flüsterte Bradford eines Abends Elder Brewster zu, als die Kinder mit Kohlestückchen und ›Tafeln‹ aus Holz beim Schein des Feuers Buchstaben übten. »Aber dieses Frühjahr werden wir zum dritten Mal aussäen und wir leben immer noch von der Hand in den Mund. Es geht nicht ein Tag vorbei, an dem sich nicht ein hart arbeitender Mann beklagt, dass er genauso viel zu essen bekommt wie jemand, der

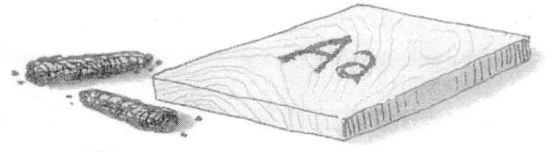

morgens als Letzter erscheint und abends als Erster geht. Die Frauen sind ihre täglichen Pflichten auch leid. Sie wollen sich endlich wieder um ihre Familien kümmern. Die Leute sind entmutigt. Ich denke … es muss etwas Neues geschehen.«

Elder Brewster kontrollierte die Buchstaben der Kinder und wandte sich dann zu Bradford. »Aber der Vertrag mit den Merchant Adventurers erlaubt uns keine persönlichen Gewinne, ehe wir nicht die Schuld für unsere Überfahrt beglichen haben. Danach müssen wir unseren Gewinn noch für sieben Jahre mit ihnen teilen.« Neugierig zog er eine Augenbraue hoch. »Was schlägst du vor?«

»Ich denke, dass jede Familie ein eigenes Maisfeld bekommen sollte, ein Morgen pro Person, und dass sie alles, was sie davon ernten, für sich selbst behalten dürfen.«

»Und die unverheirateten Männer und Frauen?«

»Wenn man ihre Flächen dem hinzufügt, in dessen Haushalt sie leben, muss keiner allein arbeiten.«

»Und unsere Schulden bei den Merchant Adventurers?«

»Wir müssen immer noch zusammenarbeiten, um unsere Schulden zu bezahlen, sei es beim Sägen der Bretter oder beim Handel mit Mais gegen Felle. Aber ich könnte mir denken, das jeder mehr guten Willen zeigt, wenn er seinen eigenen Schrank mit Vorräten füllt.«

Die Siedler waren hoch erfreut über den Plan. Als der Frühling nicht mehr weit war, scheuchte Elisabeth Humility und Henry auf ihren Acker, wo sie mit neuer Kraft die Saat ausbrachten. Bradford nahm fünf der älteren Waisenjungen in sein Haus auf, um die anderen Familien etwas zu entlasten, und arbeitete neben ihnen auf den zugewiesenen Flächen. Als es Zeit wurde für die jährlichen Wahlen, wurde Bradford einstimmig wiedergewählt.

Nach Wochen harter Arbeit waren die Äcker der Brewsters endlich bestellt und Elisabeth durfte sich wieder mit Nooma treffen. Als das Mädchen mit seinem Korb für die Kräuter hinter den Feldern entlang den Weg zu Hobomoks Lager schlenderte, wurde sie plötzlich traurig bei dem Gedanken, dass sie die Ernte von ihrem eigenen Acker nicht mehr einbringen würde. Denn sicher würde nun bald ein Schiff in die Bucht segeln mit einem Brief ihrer Schwestern. Nein, ihr Entschluss stand fest. Sie musste …

Ohne Vorwarnung fühlte Elisabeth einen harten Zug an ihrem linken Knöchel und hörte sich im selben Moment entsetzt aufschreien, als sie in die Höhe gerissen wurde. Sie baumelte kopfüber an einem Seil, das an einem jungen Baum festgebunden war. Schmerz schoss durch ihren Knöchel, als sie so an einem Bein etwa einen Meter über dem Boden hing. Sie nahm den Schmerz jedoch kaum war, weil sie vollauf damit beschäftigt war, Schürze, Rock und Unterröcke fest zu halten, damit sie nicht über ihren Kopf fielen und sie jemand so sähe. »Hilfe«, schrie sie. »Ich bin gefangen, ich bin gefangen! Hilfe!«

Kopfüber sah sie, wie jemand vom nächsten Feld herbeigeeilt kam. Sie konnte nicht sehen, wer es war, denn ihre Schürze fiel ihr unentwegt vors Gesicht. Sie hörte, wie jemand zur ihr lief und rief: »Halten

Sie aus, Miss Tilley! Ich schneide das Seil durch und hole Sie runter! Halten Sie nur aus!«

Elisabeth presste ihre Schürze vors Gesicht, als sie Tränen der Scham aufsteigen fühlte. Es war John Howlands Stimme.

Im nächsten Augenblick griff Howland das Mädchen mitsamt ihren Röcken an der Taille, langte mit seinem Jagdmesser in die Höhe und schnitt das Seil durch, das ihren Fuß gefangen hielt. Vorsichtig drehte er sie um und ließ sie auf den Weg herunter. »Ist alles in Ordnung, Miss Tilley?«, fragte er ängstlich.

»Ja, ja, es geht schon«, presste sie hervor. Keinesfalls wollte sie weinen! Ihre Haube war abgefallen und ihr Haar hing in wirren Locken vor ihrem Gesicht, sodass sie nichts sehen konnte. Sie versuchte auf ihren Füßen zu stehen, aber ein heftiger Schmerz durchzuckte ihren Knöchel und machte, dass sie hart zu Boden fiel.

»Ihr Knöchel … er ist vielleicht gebrochen«, sorgte sich John Howland. Obwohl Elisabeth protestierte, hob er sie auf seine Arme und trug sie den Weg zum Dorf zurück.

Nie zuvor war sich Elisabeth so hilflos vorgekommen. Sie schämte sich entsetzlich. Fest kniff sie die Augen zu, hörte aber trotzdem, wie die Kinder herbeigelaufen kamen, um zu sehen, was passiert war. Johnny Billington lachte fröhlich: »Es hat geklappt! Es hat geklappt! Unsere Falle funktioniert!«

»Wenn du für diesen Unsinn verantwortlich bist, Johnny Billington, werde ich dich eigenhändig durchpeitschen«, stieß John Howland wütend hervor. Aber seine großen Schritte hielten nicht eher an, bis er Elisabeth ins Haus der Brewsters gebracht und dort niedergelegt hatte.

»Meine Güte! Was ist passiert?«, rief Mrs Brewster, als sie Elisabeths verschmiertes Gesicht, ihr wirres Haar und die zerknautschten Röcke erblickte.

Schnell berichtete Howland, was geschehen war, und verließ sogleich mit einem hölzernen Eimer das Haus, um kaltes Wasser vom Fluss zu holen, damit der Knöchel gekühlt werden konnte. Mrs Brewster scheuchte die neugierigen Kinder hinaus und machte vorsichtig Elisabeths alten ledernen Schuh auf. Als er endlich vom Fuß glitt, schrie das Mädchen vor Schmerz auf.

John Howland kam mit dem Eimer voll Wasser zurück. Die Hälfte davon war bereits über seine Schuhe gespritzt, weil er so schnell gelaufen war. Mrs Brewster half Elisabeth auf der Bettkante zu sitzen und den Fuß in das eisige Wasser zu halten. »Damit es nicht so stark anschwillt. Ist es schon besser?«

Howland schlich verlegen im Zimmer umher, bis Mrs Brewster schließlich ungeduldig meinte: »Ich denke, dass Sie jetzt gehen können, Master Howland. Sie haben Ihre Pflicht erfüllt. Oh, Sie könnten noch etwas tun: Suchen Sie Diakon Fuller und schicken Sie ihn hierher. Er soll dem Mädchen einen Umschlag machen.«

Die Schmerzen waren kaum auszuhalten. Aber als Diakon Fuller den Knöchel vorsichtig abtastete, stellte er fest, dass er nicht gebrochen, sondern nur stark gezerrt war. »Aber du musst dich mindestens eine Woche schonen und darfst den Fuß nicht belasten«, gebot er. »Mach einen festen Verband und lagere das Bein mit den Kissen schön hoch.«

Abends kuschelte sich Humility eng an ihre Cousine und flüsterte ihr ins Ohr: »John Howlands Gesicht war so rot wie der Himmel beim Sonnenuntergang. Ich glaube, er mag dich!«

Elisabeth wusste nicht, was sie davon halten sollte. Sie hatte Angst, dass er kommen würde, um nach ihr zu sehen; gleichzeitig befürchtete sie, dass er nicht käme. Als er am nächsten Tag vor dem Haus anhielt, um zu sehen, wie es ihr ging, seinen Hut mit den Händen fest haltend, da war ihr, als sei ihre Zunge festgeklebt und sie brachte kaum ein Wort hervor. Er nickte nur, errötete und verschwand schnell aus dem Haus.

Eine Woche lang kam er nun jeden Tag, um sich nach ihrem Zustand zu erkundigen – was Humility und die Jungen zu immer heftigeren Neckereien veranlasste. »John Howland hat ein Auge auf Elisabeth geworfen!«, krähte Henry – natürlich nur, wenn gerade kein Erwachsener in der Nähe war. Elisabeth streckte ihre Hand aus und wollte ihn am Ohr ziehen, aber er wich ihr nur belustigt aus.

In den langen Stunden, die Elisabeth auf ihrem Lager lag, spielten ihre Gedanken verrückt. Sie erinnerte sich an das Gefühl von Howlands starken Armen, als er sie den Weg hinaufgetragen hatte. Sie schien ihm nicht gleichgültig zu sein. Aber sollte das etwas zu bedeuten haben – etwas Besonderes? Oder war er nur ein Gentleman, der einer ›Dame in Not‹ geholfen hatte?

Schon bald humpelte Elisabeth auf ihrem verletzten Knöchel umher. Sie erfuhr nie, was mit Johnny geschah, weil er eine Schlinge so nah beim Dorf gelegt hatte. Aber als sie auf dem Weg zu ihrem Acker hinter ihm her humpelte, weil sie Unkraut jäten wollte, sah er weg und nannte sie nicht ›Sommersprossengesicht‹.

Die Saat auf den frisch bestellten Feldern ging auf

und jeder sprach von der guten Ernte, die es dieses Jahr geben würde. Sie vergaßen darüber sogar fast, dass sie die meiste Zeit hungrig waren. Sie hatten immer noch keinen Nachschub von den Merchant Adventurers erhalten und ihre Vorräte, von Seife bis zu den Werkzeugen, gingen bald zur Neige. Ihre Kleider waren nur noch Lumpen. Aber die Hoffnung wuchs mit den frischen grünen Halmen auf den Feldern. Wenn sie nur durchhalten würden …

Aber als der Mai in den Juni überging, wurde der Boden immer trockener. Tag für Tag, Woche für Woche war kein einziges Wölkchen am Himmel zu sehen. Der Fluss, den sie Town Brook genannt hatten, war nur noch ein kleines Rinnsal. Hobomok sagte, dass er sich nicht erinnern könne, jemals eine so lange Trockenheit während dieser Jahreszeit erlebt zu haben. Ohne Regen verkümmerten die jungen Pflanzen bald und ließen ihre Blätter hängen. Und mit den Pflanzen verkümmerte auch die Hoffnung der Siedler.

Als sie in der zweiten Juliwoche immer noch keinen Regen hatten, forderte Elder Brewster einen Tag des Fastens und Gebets. *Fasten?*, dachte Elisabeth. *Das wird nicht schwer sein. Es ist sowieso kaum noch etwas zu essen da.* Fisch (wenn sie etwas fangen konnten), Hummer und Muscheln (die niemand mochte), etwas Wild aus dem Wald und manchmal ein Reh war alles, was sie am Leben erhielt. Der größte Teil von Bohnen und Mais, den sie beim letzten Mal mit den Indianern getauscht hatten, war als Saatgut verbraucht worden.

Aber jeder stieg auf den Hügel zum Fort, um zu beten. Männer und Jungen saßen auf der einen Seite, Frauen und Mädchen auf der anderen. Sie hockten auf hölzernen Bänken ohne Rückenlehne, umgeben von den großen Eichenpfählen des Forts. Elisabeth senkte ihren Kopf und hielt ihre Augen geschlossen, während sie den langen Gebeten zuhörte. Aber aus irgendeinem Grund war sie nicht ungeduldig. Die Gebete gaben ihr Trost. Ja, Gott hatte sie getragen. Er hatte sie durch jede neue Anfechtung hindurchgebracht. Jetzt waren sie völlig hilflos. Gott allein konnte Regen bringen und die Ernte retten – und ihr Leben.

Einmal hob Elisabeth ihre Augen und sah hinüber auf die andere Seite des großen Raumes – direkt in die Augen von John Howland. Erschrocken blickte sie schnell weg. Hatte er sie beobachtet? Sie wollte sehen, ob er errötete, aber ihr eigenes Gesicht fühlte sich heiß und rot an.

Der Tag des Fastens und Gebets zog sich bis spät in den Nachmittag hinein. Im Innern des Forts war es heiß, sodass man Wasser vom Fluss für die quengelnden Kinder holte. Aber am Ende des Tages, als jeder für sich allein den Weg zurück zu den Häusern ging, fühlte Elisabeth eine kühle Brise über ihre Wangen streichen. Als sie nach oben blickte, sah sie, dass der Himmel mit einer dicken Wolkendecke bedeckt war.

In dieser Nacht begann ein leichter Regen. Der Regen hielt vierzehn Tage an und tränkte den Boden, füllte den Fluss und verwandelte Plymouths Hauptstraße in ein Schlammloch. Die verkümmerten grünen Halme auf den Feldern richteten sich wieder auf und schienen über Nacht zu wachsen.

»Ich danke dir, Vater im Himmel«, flüsterte Elisabeth eines Abends, als sie auf der Schwelle des Brewsterhauses stand und der sanfte Regen auf ihr Gesicht fiel. Es war das erste Mal, dass sie ein eigenes Gebet gesprochen hatte.

* * *

An dem Tag, als es aufhörte zu regnen und die Wolken sich verzogen, segelte ein Schiff in die Bucht. Zu ihrer eigenen Überraschung dachte Elisabeth zuerst: *Nein, nein, jetzt noch nicht! Ich weiß nicht, ob ich gehen möchte!* Sie beobachtete, wie das Schiff größer wurde, den Anker hinauswarf, die Segel einholte und schließlich ein Boot zu Wasser ließ.

Auf diesen Augenblick hatte sie schon so lange gewartet. Sicher würde sie einen Brief von einer ihrer verheirateten Schwestern bekommen. Und sicher sollte sie heim nach England kommen, um bei ihnen zu leben, nun, wo ihre Eltern tot waren. Sie würde mit diesem Schiff zurücksegeln können. Aber warum fühlte sie sich dann so zerrissen in ihrem Innern?

Sie musste sich eingestehen, dass der Grund dafür John Howland war, denn vielleicht, nur vielleicht, war sie ihm doch nicht ganz gleichgültig. Aber er hatte nie etwas Derartiges gesagt. Tatsächlich hatte er nur das getan, was jeder andere auch getan hätte: Er hatte ihr nach einem Unfall freundlich geholfen. Jedoch, die Art, wie er sie angesehen hatte, wie er rot geworden war … sie brauchte Zeit. Sie musste es herausfinden!

Zahlreiche Passagiere wurden mit dem Boot von der *Anne* an Land gebracht. Elisabeth freute sich für Diakon Fuller, als sie sah, wie man seiner Frau aus dem Boot half und er sie glücklich in die Arme schloss. Sie hatten sich seit drei Jahren nicht mehr gesehen. Dann sah sie, wie Gouverneur Bradford über den felsigen Strand kletterte und auf eine Frau zuging, an deren Rock sich zwei kleine Jungen festklammerten. *Alice Southworth,* dachte Elisabeth. Sie hatte also den Antrag des Gouverneurs angenommen! Bradford nahm sie bei den Händen und sprach einige Minuten leise mit ihr. Dann bot er ihr seinen Arm und die beiden schritten auf das offene Tor von Plymouth zu. Sie gingen an Kapitän Standish vorbei, der sich galant vor einer gut aussehenden Frau verbeugte und ihr sein Geleit anbot. Miles Standish hatte also auch einen Heiratsantrag geschrieben! Elisabeth grinste.

Elisabeth stellte fest, dass die Kleider der Passagiere trotz der langen Reise noch gut aussahen. Im Gegensatz dazu waren ihre eigenen Kleider verblichen, geflickt und fadenscheinig.

In dem Moment hörte sie Mrs Brewster rufen: »Fear! Patience! Meine lieben Töchter!« Zwei hübsche junge Damen liefen in die Arme von Elder Brewster und seiner Frau, gefolgt von Jonathan, Love und Wrestling. So waren die Töchter der Brewsters nun endlich doch noch gekommen. Tränen schossen in Elisabeths Augen, doch sie zwinkerte sie weg, als sie eine Stimme hinter sich hörte.

»Viele glückliche Begegnungen heute, nicht wahr?«

Elisabeth schluckte. »Ja«, sagte sie und sah sich nicht um, denn sie wusste, dass John Howland hinter ihr stand.

Dann schwieg er wieder. Aber er blieb bei ihr stehen und sah zu, wie sich Familien wieder zusammenfanden. Schließlich fragte er: »Was macht Ihr Knöchel, Miss Tilley?«

»Danke, es ist wieder besser«, sagte Elisabeth und hätte sich am liebsten getreten, denn ihre Kehle war wie zugeschnürt, sodass sie die Worte nur krächzen konnte. Sie versuchte, an Sicherheit zu gewinnen. »Ich habe mich nie bei Ihnen dafür bedankt, dass Sie mich an diesem fürchterlichen Tag von dem Seil los geschnitten haben.« Jetzt hatte sie sich wieder unter Kontrolle. Ihre Stimme klang ruhig und sicher.

»Nicht der Rede wert. Das war doch das Mindeste, was ich für Sie tun konnte, nachdem Sie sich damals um mein verletztes Bein gekümmert haben.« Howland entschuldigte sich höflich, um den Neuankömmlingen dabei zu helfen, ihr Gepäck den Hügel hinaufzutragen.

Nicht der Rede wert? Elisabeths Mut sank. Was meinte er mit ›nicht der Rede wert‹? Seufzend ging sie zurück ins Dorf an ihre Arbeit.

An diesem Abend war das Haus der Brewsters mit Lachen erfüllt. Endlich war die Familie wieder zusammen! Fear war siebzehn, nur ein Jahr älter als Elisabeth, aber wegen ihrer ›Gelehrtheit‹ stand Elisabeth ihr etwas schüchtern gegenüber. Sie versuchte das Essen aufzutragen, ohne dabei die Aufmerksamkeit auf sich zu lenken. Aber plötzlich sagte Elder Brewster: »Oh, meine Güte, Elisabeth! Jetzt hätte ich fast vergessen, dir zu sagen, dass du einen Brief aus Bedfordshire bekommen hast. Gouverneur Bradford möchte dich darum morgen früh sprechen. Meine Frau kann dich begleiten.«

Das Geheimnis kommt heraus

Als Elisabeth zusammen mit Mrs Brewster am nächsten Morgen den Hügel zum Haus des Gouverneurs hinaufging, war sie innerlich ganz aufgewühlt. Warum wollte der Gouverneur, dass auch Mrs Brewster mitkam? Vielleicht gab es schlechte Neuigkeiten von daheim? Vielleicht waren ihre Schwestern krank geworden und gestorben? Nein, nein, das konnte nicht sein. Sicher stand in dem Brief, dass sie nach England zurückkehren konnte. Aber jetzt wusste sie plötzlich nicht mehr, ob sie das wirklich wollte!

»Guten Tag, Mrs Brewster. Guten Tag, Elisabeth«, rief Gouverneur Bradford und erhob sich höflich, als sie das Haus betraten. Elisabeth bemerkte, dass er scheinbar aufrechter stand als sonst, auch strahlten seine Augen, wenngleich sein Gesicht auch ziemlich eingefallen war. Dann sah sie die lächelnde Frau, die auf einem Schemel in der Ecke des Raumes saß. Sie hatte rote Wangen und wirkte kräftig und entschlossen. Ganz anders als die zarte Dorothy.

»Erlauben Sie, dass ich Ihnen Mrs Alice Southworth vorstelle«, sagte Bradford mit einem Lächeln. »Sie hat mir die Ehre erwiesen, meinen Antrag anzunehmen, sodass wir noch in dieser Woche heiraten werden.«

»Dem Herrn sei Dank, Gouverneur, das ist wirklich eine gute Neuigkeit!«, rief Mrs Brewster erfreut.

»Nehmen Sie doch bitte Platz«, forderte Bradford sie auf. Er saß auf einer Bank vor einem roh gezimmerten Tisch aus Eichenholz. Elisabeth und Mrs Brewster setzten sich ihm gegenüber. Der Gouverneur zog einen Brief aus seinem dunkelblauen Wams. »Kannst du lesen, Elisabeth?«

Sie nickte. »Elder Brewster hat es mir beigebracht.«

»Gut. Dieser Brief ist an mich gerichtet und eine Antwort auf das Schreiben, das ich seinerzeit an deine Schwestern geschickt habe. Nimm dir Zeit zum Lesen.«

Elisabeth nahm den Brief und las langsam jedes Wort. Keine ihrer Schwestern konnte lesen oder schreiben, sodass jemand anderes für sie geschrieben haben musste. Der Schreiber brachte sein tiefstes Mitgefühl darüber zum Ausdruck, dass ihre Eltern verstorben waren. Aber wenn der Gouverneur von Neu-Plymouth nichts dagegen hätte, würden sie sich um ihre jüngere Schwester Elisabeth kümmern. Er könne sie mit dem ersten Schiff zurück nach England schicken.

Sie sah von dem Brief auf. »Wenn es dein Wunsch ist«, meinte Bradford, »werde ich dafür sorgen, dass der Käpitän der *Anne* dich zurück nach England bringt.«

Wenn es ihr Wunsch wäre … »Nein!«, wollte sie sagen. »Das ist nicht mein Wunsch.« Aber wie dumm würde das klingen. Sie hatte darum *gebeten*, nach England zurückzukehren. Sie hatte keinen guten Grund zu bleiben, aber viele gute Gründe zu gehen. Sie blickte zu Mrs Brewster, die sie höchst erstaunt ansah. Was dachte sie jetzt wohl? Vielleicht, dass das die perfekte Lösung für ihr überfülltes Haus wäre?

Jetzt, wo ihre Töchter da waren und Elisabeth doch nur im Weg war …

Gouverneur Bradford unterbrach ihre Gedanken: »Bevor du dich entscheidest, Elisabeth, solltest du noch etwas wissen. Gestern Nachmittag war John Howland bei mir. Er hat um deine Hand angehalten, wollte aber die Zustimmung der Kolonie …«

Elisabeth klappte den Mund auf! Überrascht starrte sie den Gouverneur an. John Howland hatte gefragt … er hatte gefragt, ob …

Bradford war noch nicht fertig. »Ich habe ihn wissen lassen, dass du den Wunsch gehabt hast, zurück nach England zu gehen und die Erlaubnis dazu gerade eingetroffen sei. Darum hat er mich gebeten, zuerst mit dir zu sprechen, damit du selbst eine Entscheidung treffen kannst.«

Elisabeth fand die Sprache wieder. »Es … es ist mir eine Ehre, den Antrag von Master Howland anzunehmen«, antwortete sie und fürchtete, dass jeder im Raum ihr Herz klopfen hörte. »Das heißt, wenn der Gouverneur und mein jetziger Vormund, Mrs Brewster, mich für wert erachten.«

»Für wert erachten?«, rief Mrs Brewster. »Kind, ich freue mich so sehr für dich! Du bist für mich wie meine eigene Tochter geworden. Es würde mir sehr schwer fallen, dich nach England zurückzuschicken.«

Dankbar sah Elisabeth die grauhaarige Frau an. Aber Gouverneur Bradford hob die Hand. »Wir sollten nichts überstürzen. Dies ist eine sehr wichtige Entscheidung, Elisabeth, und du musst dir über die Bedeutung im Klaren sein. Mrs Brewster hat mir gesagt, dass du gerade sechzehn Jahre alt geworden bist. Da ist es gut, über die Zukunft nachzudenken.« Der Gouverneur hielt inne und strich gedankenverloren seinen Bart. Dann fuhr er fort: »Wie du selber weißt, ist das Leben hier in der Neuen Welt nicht einfach, ja, sogar ziemlich gefährlich. Deine eigenen Eltern haben ihr Leben verloren. Du hast nun die Wahl. Willst du dieses harte Leben wirklich für dich erwählen? Deine Angehörigen kamen als Fremdlinge in die Neue Welt – nicht als Glieder unserer Gemeinde. Aber John Howland ist ein Separatist und überzeugter Puritaner. Kannst du dich mit ganzem Herzen seiner Gemeinschaft anschließen?«

Elisabeth war erstaunt. So hatte sie darüber noch nie nachgedacht. Aber ihr eigener Glaube an Gott und seinen Sohn war langsam gewachsen und hatte sich vertieft in diesen drei Jahren, in denen sie die Separatisten beobachtet und den Gottesdiensten beigewohnt hatte. Ja, sie konnte sich dieser Gemeinschaft anschließen.

»Mrs Brewster gibt dir ihren Segen. Ich habe dich vom Kind zur jungen Frau heranwachsen sehen«, sagte der Gouverneur. »Deine Arbeit mit Diakon Fuller und dein Wissen über Kräuter hat der Gemeinschaft bereits gute Dienste erwiesen. Trotzdem ist es meine Pflicht, dich zu fragen: Gibt es irgendetwas, das einer Heirat mit Master Howland im Wege stehen würde? Bist du ein ehrlicher und aufrichtiger Christ und hast ein reines Gewissen?«

Plötzlich meinte Elisabeth, keine Luft mehr zu bekommen. »*Gibt es irgendetwas, das einer Heirat mit Master Howland im Wege stehen würde? … Bist du ein ehrlicher und aufrichtiger Christ und hast ein reines Gewissen?*«

»Triff deine Entscheidung nicht übereilt«, meinte der Gouverneur freundlich. »Denk in Ruhe darüber nach und teile mir dann morgen deinen Entschluss mit.«

* * *

Die ganze Nacht über wälzte Elisabeth sich auf ihrem Lager neben Humility hin und her. Sie konnte vor lauter Angst und Aufregung nicht schlafen. Ihr sehnlichster Wunsch hatte sich erfüllt. Jemand hatte sie lieb. Sie würde nicht länger eine Waise sein, die bei irgendjemand im Haushalt lebte. Sie bekäme ein Zuhause, wo sie hingehörte, eine eigene Familie. Und es war nicht irgendjemand, der sie wollte. Es war John Howland – ein junger Mann, der so angesehen war, dass sein früherer Herr die Leibeigenschaft beendete und ihm seinen gesamten Besitz vererbt hatte. Trotzdem war er darum nicht stolz und hochnäsig geworden. Es schien, als ob er seinen Ursprung nicht vergessen hätte, denn stets behandelte er sie mit Achtung. Ja, sie wollte gerne Mrs Howland werden.

Der Gedanke daran ließ sie vor Aufregung beinahe kichern. Aber da legte sich Gouverneur Bradfords Frage wie eine große Last auf ihr Gewissen. »*Bist du ein ehrlicher und aufrichtiger Christ und hast ein reines Gewissen?*«

Nein, sie war nicht ehrlich und aufrichtig gewesen. Sie hatte nie erzählt, dass sie Dorothy Bradford in der Nacht ihres Verschwindens an Deck der *Mayflower* gesehen hatte. Hatte nie zugegeben, dass sie die junge Frau nicht angesprochen oder zurückgerufen oder jemand anderes informiert hatte, dass Bradfords Frau draußen in Wind und Kälte stand, weil sie sie für verweichlicht und dumm gehalten hatte.

150

Dann, als Dorothy verschwunden war und man annehmen musste, dass sie ertrunken war, wurde es ihr schreckliches Geheimnis.

Ich hätte Dorothy Bradfords Leben retten können!

Aber das konnte sie dem Gouverneur keinesfalls sagen. Nicht William Bradford selber! Wozu? Er wollte doch bald wieder heiraten und seine Einsamkeit beenden. Man konnte sehen, wie froh er war. Und wenn sie ihre Schuld bekennen würde, könnte er vielleicht sagen, dass es eine Schande für John Howland wäre, sie zu heiraten … Es wäre das Beste, wenn sie weiter schwiege. Niemand bräuchte je zu wissen …

Kerzengerade saß Elisabeth im Bett. Sie atmete schwer und ihr Nachthemd war schweißnass. Sie, Elisabeth Tilley, wusste es. Und Gott wusste es auch. Wenn sie John Howland heiraten wollte, musste sie ehrlich zu Gott sein. Darin lag das Geheimnis des Friedens und der Fröhlichkeit der Separatisten. Sie folgten ihrem von Gott gegebenen Gewissen. Nein, sie konnte Gouverneur Bradford nicht ins Gesicht sagen: »Ja, ich war immer ehrlich und aufrichtig«, wenn sie es gar nicht war. Sonst wäre ihr zukünftiges Leben immer von dieser Wolke überschattet.

»Oh, Vater im Himmel, hilf mir!«

* * *

Am nächsten Morgen ging Elisabeth mit Mrs Brewster wieder zu Bradfords Haus. Ihre Füße schienen schwer wie Blei. Wieder saß Alice Southworth auf ihrem Stuhl am geöffneten Fenster und arbeitete an einer Stickerei. Sie sah auf und lächelte.

»Ich hoffe, dass du nichts dagegen hast, wenn Mrs

Southworth uns Gesellschaft leistet«, sagte der Gouverneur. »Als meine zukünftige Frau kann sie vielleicht guten Rat in ›Familienangelegenheiten‹ geben.«

Wie versteinert stand Elisabeth am Tisch. Sie wollte Mrs Southworth nicht dabeihaben. Wie sollte sie über Bradfords erste Frau in Gegenwart der Dame sprechen, die er bald heiraten wollte? Aber sie hatte keine andere Möglichkeit, als ihren Mund zu öffnen und das Geheimnis preiszugeben – bevor sie der Mut verließ.

»Gouverneur Bradford, ich … ich …« Ihre Stimme versagte. »Ich war nicht ehrlich und aufrichtig und ich bin es nicht wert, John Howlands Frau zu werden.« Sie blickte auf ihre Schuhe hinab.

»Rede weiter, Elisabeth«, sagte er sanft.

Sie sah auf. Und als sie Bradfords freundliche Augen auf sich ruhen sah, konnte sie es nicht länger aushalten. »Oh, Gouverneur Bradford, es ist meine Schuld, dass Ihre Frau, Dorothy, ertrunken ist!«, stieß sie hervor und brach in Tränen aus.

Im Raum war es völlig still bis auf Elisabeths Schluchzen. Dann keuchte Mrs Brewster: »Was um alles in der Welt meinst du damit, Kind?«

Und so kam die ganze Geschichte heraus. Einmal angefangen, hielt Elisabeth nichts mehr zurück. Sie verschwieg selbst ihre zornige Haltung gegenüber der zerbrechlichen, traurigen Dorothy nicht. »Alle d-denken, dass niemand sie in jener Nacht gesehen hat. A-aber ich habe sie gesehen!«, schluchzte sie. »Es war verkehrt, nichts zu sagen, aber ich hatte solche Angst! Ich hätte sie doch retten können und tat es nicht.«

Wieder war es still im Raum. Elisabeth traute sich nicht, Gouverneur Bradford oder Alice Southworth anzusehen. Aber schließlich hörte sie Bradford tief seufzen und sagen: »Nein, du hättest sie nicht retten können.«

Erstaunt blickte sie ihn an. Aber er sah an ihr vorbei zu Alice Southworth hinüber, deren Gesicht voller Mitgefühl war. »Niemand hätte Dorothy retten können«, sagte er traurig. »Wenn du sie in jener Nacht angesprochen hättest, so hätte sie nicht auf dich gehört. Wenn du jemanden zu Hilfe geholt hättest, damit sie aus der Kälte gekommen wäre, hätte sie sich in der nächsten Nacht wieder an Deck geschlichen.«

Geschockt starrte Elisabeth ihn an! Was sagte er da?

»Ich hatte gedacht, dass es die beste Entscheidung gewesen sei, unseren kleinen Jungen zurückzulassen«, fuhr er fort. »Aber das war zu viel für sie. Die Seereise war zu anstrengend. Sie konnte all dem Unbekannten, das noch vor uns liegen sollte, nicht standhalten. Sie wurde mutlos und Traurigkeit erfüllte ihr ganzes Denken. Obwohl mir jeder versichert hat, dass ihr Tod ein Unfall war, habe ich trotzdem immer gedacht – auch wenn ich nie ganz sicher sein konnte – dass sie sich mit Absicht ins Meer gestürzt hat. Darum hätte sie auch niemand retten können. Früher oder später hätte sie doch einen Weg gefunden, ihrem Kummer ein Ende zu setzen.«

Alice Southworth ergriff seine Hand. Traurig lächelte er. »Ich habe Frieden mit Gott darüber gemacht. Es hat mir sogar geholfen, meine eigenen Schwächen zu erkennen – eine Eigenschaft, die sehr wichtig ist, will man diese Kolonie leiten, in der sich jeden Tag aufs Neue die Frage des Überlebens stellt. Wir leben jeden Tag aus Gottes Gnade und Weisheit – nicht aus eige-

ner Kraft.« Er wandte sich wieder Elisabeth zu: »Wegen deiner geheimen Last musst du zu Gott kommen und ihn um Vergebung dafür bitten, dass du nicht zugegeben hast, Dorothy in jener Nacht an Deck gesehen zu haben. Aber sei dessen gewiss: Du bist nicht für ihren Tod verantwortlich!«

Es dauerte einen Moment, ehe Elisabeth die Bedeutung von Bradfords Worten begriffen hatte. Er machte sie nicht für den Tod seiner Frau verantwortlich! Elisabeth fühlte, wie eine große Last von ihren Schultern genommen wurde. »Oh, das werde ich«, rief sie. »Ich werde Gott um Vergebung bitten – und Sie – weil ich nicht ehrlich und aufrichtig war. Aber ...« Elisabeth schluckte. Sie musste es fragen. »Aber ... meinen Sie, dass ich es jetzt noch wert bin, John Howlands Frau zu werden und seinen Antrag annehmen darf?«

»Wert?«, sagte der Gouverneur. »Niemand von uns ist in diesem Sinne etwas ›wert‹. Die Frage könnte ich ebenso gut an mich selbst richten.« Seine Augen richteten sich wieder auf Alice Southworth, dann auf Elisabeth. »Aber unsere Heimat ist bei Gott, auch wenn wir jetzt noch hier auf Erden leben. Er möchte, dass Familien glücklich zusammenleben. Das ist sein gutes Geschenk an uns. Und nur wenn solide Familien die Wurzel bilden, kann unsere Kolonie wachsen und stark werden. Als Gouverneur der Kolonie Plymouth wird es mir eine Ehre sein, deiner Hochzeit mit John Howland beizuwohnen.«

Elisabeth machte einen kleinen Knicks und atmete erleichtert auf: »Vielen Dank, Gouverneur Bradford!«

Aber als sie und Mrs Brewster sich zur Tür wandten, hörte sie den Gouverneur sagen: »Elisabeth, eine Sache noch.« Sie drehte sich um. »Ich blieb als junger Kerl auch verwaist zurück. Dann traf ich Elder Brewster, der mir wie ein Vater geworden ist. Und die Gemeinde, die mich daheim in Scrooby, England, aufnahm, war für mich wie eine Familie. Später dann in Leyden, Holland, und jetzt hier in Neu-Plymouth in der Neuen Welt.« Er lächelte ihr zu. »Nun, wo du dich entschlossen hast zu bleiben, hoffe ich, dass du deine Familie hier unter Gottes Familie findest.«

Sie nickte, das Herz so voll, dass sie kein Wort hervorbrachte. *Ja*, dachte sie, als sie durch die Tür nach draußen trat. Die Julisonne strömte auf die Strohdächer der Kolonie Plymouth. *Ja, jetzt habe ich eine Familie!*

Mehr über William Bradford

William Bradford wurde im Frühjahr 1590 in Austerfield, England geboren. Sein Großvater war Farmer und Schafzüchter. Aber der Tod seiner Eltern und später auch seines Großvaters ließ ihn als Waise zurück, die von zwei Onkeln aufgezogen wurde.

1606, als er sechzehn war, wurde er von einem Freund eingeladen, der Predigt eines fremden Redners mit Namen Richard Clyfton zuzuhören. Clyfton predigte über die ›Puritanischen Prinzipien‹ von persönlicher Heiligung und der Trennung von Kirche und Staat – und änderte damit das Leben des jungen Bradford entscheidend. Eine puritanische Gemeinde formierte sich in Scrooby, nur drei Kilometer von Austerfield entfernt. Dort traf Bradford dann William Brewster, der sein geistlicher Mentor und Vater wurde, den er nie gehabt hatte.

Einige Puritaner wollten die bestehende Kirche von England reformieren. Die Puritaner in Scrooby waren jedoch der Überzeugung, dass das nicht möglich wäre und wollten daher eine separate Kirche gründen. Das erzürnte den englischen König, der gleichzeitig auch Oberhaupt der Kirche war, sodass er den ›Separatisten‹ das Leben schwer machte. Als William Brewster verhaftet wurde, weil er ein Traktat gedruckt hatte, das sich kritisch mit dem König befasste, weil dieser religiöse Regeln erlassen wollte, ging die Versammlung von Scrooby nach Holland, wo Religionsfreiheit herrschte. (In England gab es damals keine Religionsfreiheit, kein repräsentatives Parlament und keine allgemeine Schulpflicht – anders als in Holland.)

In Holland erhielt Bradford Unterricht von seinem Mentor William Brewster und der Universitätsbücherei in der Nähe. Er erlernte außerdem ein Handwerk und wurde Weber. Im Alter von einundzwanzig Jahren übernahm er die kleine Farm der Familie daheim in Austerfield, die er bald darauf verkaufte, um sich von dem Gewinn einen Webstuhl anzuschaffen und selbstständig zu werden. 1613, mit dreiundzwanzig Jahren, heiratete er die sechzehnjährige Dorothy May. Zwei Jahre später wurde ihnen ein Sohn geboren, den sie John nannten.

Die puritanischen Separatisten genossen die Freiheit, die sie in Holland hatten, wollten jedoch keine Holländer werden. Sie waren Engländer und wollten ihre Kinder in ihrer eigenen Sprache und Kultur erziehen. Die Möglichkeit der Immigration in die Neue Welt und der Errichtung einer englischen Kolonie dort mit der Freiheit, eigene Gesetze zu erlassen und ihre Religion frei auszuleben, eröffnete ihnen völlig neue Möglichkeiten. Sie fühlten sich wie die Kinder Israel im Exil und Amerika wurde zu ihrem ›verheißenen Land‹.

Sie bewarben sich um die Erlaubnis, sich in Virginia niederzulassen und banden sich vertraglich an eine Gruppe von Kaufleuten, die als die Merchant Adventurers bekannt waren. Diese verpflichteten sich, die neue Kolonie zu unterstützen, um im Gegenzug dazu Pelze, Fische und Holz aus der Neuen Welt zu erhalten. Vieles von dem, was in den ersten drei Jahren dort geschehen ist, der tragische Tod von Brad-fords Frau eingeschlossen, wird in der Geschichte beschrieben, die du gerade gelesen hast.

Nachdem Bradford 1621 zum zweiten Gouver-neur von Plymouth gewählt wurde, wollte er sich 1624 zurückziehen, wurde jedoch jedes Jahr wieder-gewählt. Er diente Plymouth von 1621 bis 1656 als Gouverneur, ausgenommen fünf Jahre, in denen er zu Gunsten von Thomas Prence und Edward Wins-low zurücktrat. Er stand in dem Ruf, fair sowohl mit den Siedlern als auch den Indianern zu handeln. Mit Häuptling Massasoits Stamm lebte er fünfzig Jahre in Frieden zusammen. Zweimal während seiner Amts-zeit musste Plymouth sich jedoch gegen Indianer zur Wehr setzen.

1622 attackierte Kapitän Miles Standish eine Gruppe Massachusetts-Indianer, die sich gegen eine andere englische Kolonie gewandt hatten, weil man dies für einen Schlag gegen Plymouth hielt. 1637 tat sich Plymouth dann mit anderen Kolonien in Connecticut und Massachusetts Bay zusammen, um gegen die Pequot-Indianer zu kämpfen. Dabei wurden sieben-hundert indianische Männer, Frauen und Kinder ge-tötet.

Diese Vorkommnisse bestürzten die Separatisten, hatten sie doch die Hoffnung, den Indianern Chris-tus näherzubringen. Leider wurden in der Geschichte von Neu-England jedoch wesentlich mehr Indianer getötet als bekehrt.

William Bradford übernahm die volle Verantwor-tung, als er den Vertrag mit den habgierigen und profithungrigen Merchant Adventurers brach, weil die Siedler sonst wohl verhungert wären. Es ist möglich, dass die Schulden später von Bradford und anderen führenden Männern bezahlt worden sind.

Durch Bradfords Aufzeichnungen wissen wir viel über das, was sich in den ersten Jahren in Plymouth zugetragen hat. Im Jahre 1630 begann er, die Geschichte von Plimoth Plantation (ursprüngliche Schreibweise) aufzuschreiben. Er verkörperte die Ideale der Puritaner, die ins Land kamen und Religionsfreiheit suchten. »Mit großer Hoffnung und innerer Gewissheit legten sie einen guten Grund … obwohl sie doch nichts weiter als unterste Stufen für andere bei der Ausführung einer so gewaltigen Aufgabe waren.« Im Namen der ersten Siedler von Plymouth schrieb er, dass sie Teilnehmer einer »großen Sache, nämlich der Gründung von Gottes Gemeinde« waren – aber seine Hoffnung einer wachsenden Gemeinschaft, die vereint ist durch den Dienst im Herrn, hat sich nie vollkommen erfüllt.

Trotzdem wurden die Wurzeln für eine demokratische Gesellschaft durch diese aufrichtigen Pilger gelegt. Der *Mayflower*-Vertrag war der Grundstein für freie Menschen, die in Übereinstimmung mit ihrer Überzeugung eigene Gesetze schufen.

Drei Söhne wurden William und Alice Bradford in Plymouth geboren, dazu kamen noch die Söhne aus ihren ersten Ehen. Im Beisein seiner Kinder, Enkelkinder und seiner geliebten Frau Alice starb Bradford im Mai des Jahres 1657 nach zweitägiger Krankheit. Er wurde auf einem Hügel beerdigt, von dem aus man die Kolonie überblicken konnte, der er sein Leben in heiligem Dienst hingegeben hatte.

Interessanter geschichtlicher Nachtrag der Autoren:

Ich (Neta) habe ein besonderes Interesse an der Geschichte von Plymouth. Mein Ur-Ur-Ur-Ur-Ur-Ur-Ur-Ur-Ur-(das ist neun Mal ›Ur‹!)Großvater George Morton kam 1623 mit der *Anne* aus Leyden, Holland, (wahrscheinlich aus der puritanischen Separatistengemeinde in Leyden) zur Kolonie Plymouth. Er heiratete Juliana Carpenter – die Schwester von Alice Carpenter Southworth, William Bradfords zweiter Frau. (Das bedeutet, dass William Bradford mein angeheirateter Ur-[x 9]Großonkel war.)

George und Juliana Carpenter Morton hatten einen Sohn namens John, dessen Sohn hieß ebenfalls John, dessen Sohn hieß Ebenezer, dessen Sohn hieß Nathaniel, dessen Sohn hieß Ebenezer, der hatte eine Tochter mit Namen Prudence, die wiederum eine Tochter namens Caroline hatte, deren Tochter hieß Cornelia (»Nena«), deren Sohn hieß Ray, dessen Tochter hieß Margaret … das war meine Mutter.